古典文獻研究輯刊

三六編

潘美月・杜潔祥 主編

第42冊

姚培謙年譜研究（下）

高 磊 著

國家圖書館出版品預行編目資料

姚培謙年譜研究（下）／高磊 著 -- 初版 -- 新北市：花木蘭
文化事業有限公司，2023〔民112〕
目 4+146 面；19×26 公分
（古典文獻研究輯刊 三六編；第 42 冊）
ISBN 978-626-344-300-6（精裝）
1.CST：（清）姚培謙 2.CST：年譜
011.08   111022066

ISBN-978-626-344-300-6

古典文獻研究輯刊
三六編　第四二冊　　　　　　　ISBN：978-626-344-300-6

姚培謙年譜研究（下）

作　　者　高 磊
主　　編　潘美月、杜潔祥
總 編 輯　杜潔祥
副總編輯　楊嘉樂
編輯主任　許郁翎
編　　輯　張雅淋、潘玟靜　美術編輯　陳逸婷
出　　版　花木蘭文化事業有限公司
發 行 人　高小娟
聯絡地址　235 新北市中和區中安街七二號十三樓
　　　　　電話：02-2923-1455／傳真：02-2923-1452
網　　址　http://www.huamulan.tw 信箱 service@huamulans.com
印　　刷　普羅文化出版廣告事業
初　　版　2023 年 3 月
定　　價　三六編 52 冊（精裝）新台幣 140,000 元　　版權所有・請勿翻印

姚培謙年譜研究（下）

高磊 著

目

次

第七章　姚培謙教育科舉資料彙編

　　姚培謙，出身金山望族，家族「傳經傳笏」（《周甲錄》自序），素來重視教育，宗族聲望地位賴以不墜。培謙六歲入塾，接受嚴格的蒙學教育。青少年時期轉益多師，潛心研習舉業，並與同學會藝。雖兩次參加鄉試皆敗北，但學問不遑多讓，為清初知名學者，也是制藝文選名家。培謙自撰年譜《周甲錄》中，對其教育科舉經歷，有二十餘處直接記載，既勾畫了求學的「行事曆」，也交代了讀書的「課程表」，還有科考的「全真模擬」。應試教育、素質教育，兼而有之。據其年譜可知，雍正科場案後，培謙絕意仕進，專意讀書、著書、編書、刻書等志業，樂在其中。所編刻書籍中，既有文史作品、學術著作，也有蒙學讀本、制藝選本等，其已把個人的讀書、求學經歷以及考試、閱卷經歷，轉化成了經驗產品，利人利己。對這些鮮活的檔案加以梳理，可以豐富清代塾學教育、科舉考試的資料庫，並推動相關研究走向深入。茲按培謙年譜中相關教育科舉史料的性質，將其分為求學、考試、閱考卷、編制藝選本、編教材讀本、遭薦舉六大類，每類之中，則依時間先後，將相關史料移錄其中〔註1〕：

一、求學經歷

　　1.（康熙）戊寅，三十七年，六歲。受句讀於張友仙先生，時同塾者：孝廉曹賢符充周、秀才錢思魯三省及兄明經霑扶培枝。

　　按：培謙六歲受句讀之學，是為其蒙學教育之始。七歲至十二歲，其年譜中未提學習之事，其中八歲、九歲時生了場重病，學習勢必受到耽擱。但其生

〔註1〕按：原文以1、2、3……標示。

在「傳經傳笏」(《周甲錄》自序)的世族,常情推測,培謙十歲至十二歲,仍在進行啟蒙教育。又培枝,為培謙胞兄,親兄弟同受塾學,可見其父弘度對下一代教育的重視。

2. 乙酉,四十四年,十三歲。受業於陸端士先生,《四子書》草草讀畢,授以《詩經》。時病未愈,誦讀之日少,嬉遊之日多。

按:培謙的舉業教育,始於十三歲,乃循傳統路徑,先習「四書」,次及「五經」,而「五經」首授《詩經》,因《詩經》有文采,音韻美,故事性強,易記易誦,易觀易入,不至令初學畏難而卻步。較之其他「四經」,更便於交流傳播。它不僅是文學,也是歷史、哲學,甚至是政治和宗教,孔子課子鯉,亦先強調:「不學《詩》,無以言。」

3. 丙戌,四十五年,十四歲。五月,讀《詩經》畢,次及《尚書白文》,歲終卒業,粗能上口而已。

按:「五經」的學習,《詩經》畢,次及《尚書》,且為白文(即無注解,或有注解而不錄者),這種不被別人注解牽制的思想,在培謙後來編選《宋詩別裁》《元詩別裁》《元詩自攜》等詩集時即有繼承,僅選錄詩歌,而不做疏解,隨人自解。此即為其青少年時期讀書的「精神遺產」,如編《元詩自攜》時,培謙自云:「是集手抄時,與玉田張子家孟宅安心求沾扶丹黃各歷數次,仍細加評騭。付梓時,盡從削去。存各家之本末,憑後人之擊賞,不欲以成見障讀者靈府耳。」〔註2〕反過來說,培謙所編選本既無注解,亦未附錄相關詩論、史評等資料,此舉固可省卻操選政者之偏見、成見擾亂讀者之智識判斷,但對於基礎匱乏的初學而言,誦讀之間,觸處洞悉,欣然有得,著實不易。

4. 丁亥,四十六年,十五歲。讀坊選《古文》,未竟。

按:據《周甲錄》上年所載,「五經」中《尚書》歲末方習完,未及學習其餘「三經」,次年即學習《古文觀止》。此書為清康熙年間吳楚材、吳調候所編,古文名選,凡錄周代至明代古文二百餘篇。研習此書,能提高初學者對古漢語的閱讀、鑒賞能力。康熙六十一年,姚培謙編注成《古文斫》,凡十六卷,書中闡釋了自己的古文思想,實受到《古文觀止》的一定影響。

5. 戊子,四十七年,十六歲。是年病漸愈,與兄霑扶仍歸五保祖居,受業於莊安汝先生。時伯父太史聽岩公因金華守魏公男與蘭溪令施公維訥互揭事

〔註2〕姚培謙《元詩自攜集·發凡》,清康熙六十一年刻本。

涉及，赴杭州。同學者：五兄巽齋培益、亡侄秀才欽。先父謂莊師曰：「此子幼多病，今年已長大。賴先生訓誨，得略識字，粗通文理。將來不至茫然無知，已為萬幸，無他望也。」莊師旋為謙講解《明文小題》，奈質極庸下，讀至六十餘遍，尚未能精熟。讀文三十餘篇，即令作破承題，頗有思路，莊師喜謂先父與諸兄輩曰：「此生悟性頗佳，尚可冀其有成。」至四月作開講，五月對服，旋即完篇。莊師教法最為綿密，晨起令背誦昨日所授文，辰刻講授生文一篇。飯後作一開講，講《四書》三葉，必令復講，申刻溫習。所讀經書八股文，必令背誦。燈下又為講史漢小學。三六九日作文二篇，日長則增經文一篇。夏，五兄就試江陰，華、婁二縣俱招復，謙不勝欣羨，自恨文理未通，不能應試。連日不飲食。先伯父諭曰：「臨淵羨魚，不如退而結網，汝能刻苦讀書，取科第如拾芥耳。一領青衫，何足言邪！」謙退而勤讀，不敢稍自懈怠。至冬，學業頗有進境焉。

　　按：此段長文為培謙晚年追述，所謂「莊師教法最為綿密」，則是在比較了清初舉業應試教學整體狀況後的高度認可。培謙追憶其父和莊氏的對話，雖未提及其父在學業上的具體指導，但從中不難體會其父在學習、生活等方面做了很多工作，淡淡的敘述中，滿含深情。

　　6. 己丑，四十八年，十七歲。春，莊師移帳郡中住居。姊婿楊含貞錫恒成進士，捷音至，先伯父、先父以兄輩官卷屢試不中，深責諸兄。謙前曰：「無妨，待時耳。」先伯父、先父曰：「人患不能有志加功，汝為兄輩寬解則可，若自存此心，必致偷惰日甚。」後三兄調圩培和癸巳聯捷，五兄甲午中式，四兄心求培衷丁酉中式，二兄宅安培仁癸卯中式，謙竟老大無成，先人早已決之矣。夏，隨莊師讀書於中舍吳南林先生之梅溪草廬。

　　按：父輩的訓誡，平輩的激勵，是培謙成長成才的重要動力。而良好的家風，則是其家族發達的關鍵因素。

　　7. 庚寅，四十九年，十八歲。集《學》《庸》諸家講解，請正莊師。

　　按：溫習「四書」之《大學》《中庸》，開始注重諸家講解，是舉業教育的需要，而不再是蒙童時的粗粗讀過，囫圇印象。

　　8. 辛卯，五十年，十九歲。受業於陸南村先生，習時文外，兼讀詩賦，學作詩。

　　按：誦習時文和詩賦，是針對科舉考試而進行寫作訓練的重頭戲，也是應試教育與文學教育的必要結合。又《周甲錄》康熙五十四年載：「正月，就婚

平湖陸氏。妻祖，前江西方伯筠修公之祺，父青田廣文赤城公燍昌。家教極整肅，室人性溫慎，喜文墨，燈窗伴讀，頗得琴瑟之樂。妻父時以讀書作文相勗。時寧波蔣子季眉拭之館徐氏，與謙善。親串中，胡進士聞衣紹高、陸秀才德三邦傑、檢討坡星奎勳及方外借山元璟尤相好。詩文就正諸公，受益良多。涉獵諸經，兼讀《文選》、李杜詩，有疑義，輒質諸坡星。」這裡交代了學習諸經、《文選》、李杜詩，仍是應試教育與文學教育的結合。

9. 癸巳，五十二年，二十一歲。讀書於南村師築野堂。春開科，三兄中式，秋成進士，先伯父集諸兄弟謂曰：「諸子中，和質最魯，讀文非百遍不成誦，今連得雋者，以其平日之攻苦也。汝輩慎勿專恃聰穎，不加學問。」謙聞言益知自警。由是每朝課文，以粥至文成為限。

按：伯父弘緒訓誡再三，對培謙習舉業推動很大，亦可見整個家族對科舉的重視。而培謙「每朝課文，以粥至文成為限」則是為了保持做題的節奏，掌握時間限度，類乎今之高考模擬。

二、考試

1. 壬辰，五十一年，二十歲。三月，同人作暮春文會，取《論語》「暮春者」七句分題作文，會成百篇，名《暮春集》。與兄霑扶及明經蔣荷溪培谷昆季編次付梓，鼎元戴瓏岩先生與南村師選定而為之序。

按：此即為會藝行為。而會藝演練，作為科考的「全真模擬」，能比較真實地反映出舉子對八股文寫作的熟練程度與真實水平，故頗受士子的重視。清咸豐二年（1852），塾師許耀撰《絳雪軒會藝序》時即指出：「會課者，所以仿試場而一演其技者也。較之舞處窗下，則多觀摩之益；較之應試，則無得失之見擾於中，以全心作文之得，以盡其所長。」〔註3〕會課，即會藝。會藝之文須載道，代聖賢立言，辭達理舉，而清真雅正。晚清梁章鉅《〈制藝叢話〉例言》云：「國朝自康熙以逮今茲，中間制藝流派不無小異，而清真雅正之軌則屢變而不離其宗。」〔註4〕即此意。

2. 癸巳，五十二年，二十一歲。是年，華亭縣試及府試俱第一名培本。

3. 甲午，五十三年，二十二歲。正月，院試入青浦縣學，首題「約我以禮」、次題「蹴爾而與之」二句。學使胡公潤，湖廣京蒙人，與伯父同榜相好，

〔註3〕 許耀《絳雪軒會藝》卷首，清咸豐二年刻本。
〔註4〕 梁章鉅《制藝叢話》，上海書店出版社，2001年版，第2頁。

臨試時，外論疑公於年誼或有周旋，且府縣試俱領案無不入學者。胡公微聞之，謙卷竟以避嫌不閱。同學陳子慕甫庭光以青浦縣周廷謙童生名勸謙進試，得入學。……八月，應江寧鄉試，房考官同知陳公學良首薦謙卷，因三場策文不合式被黜。

按：康熙五十二年，華亭縣試及府試，培謙皆領案。次年院試，其卷竟因避嫌不閱，遂喪失入學資格。後接受同學建議，冒名周氏再考，方得入學，足見培謙有真才實學。康熙五十三年八月，應江寧鄉試，謙卷被房考官首薦，堪稱形勢大好，卻因三場策文不合式而被黜。又據《周甲錄》雍正八年載：「庚戌，八年，三十八歲。改歸華亭學，復姓姚。」可知姚培謙冒姓周，達十六年之久。

4. 庚子，五十九年，二十八歲。秋，應試金陵，與李芷林東欅、程得莘之銘、郭秋浦泓、沈確士德潛、儲定伯思淳、王鶴書之醇諸先生訂交於方氏齋中。

按：據年譜記載，此乃培謙第二次，亦是最後一次應鄉試，距離首應鄉試已隔六年，仍鎩羽而歸。

三、閱考卷

1. 庚子，五十九年，二十八歲。二月，探梅鄧尉，遊錫山，常州別駕趙淵如弘本署錫邑事，招閱試卷，盤桓兩月而返，得詩數十首，長洲顧編修俠君嗣立作序，題曰《春帆集》。

2. 甲辰，二年，三十二歲。閱校闈中闈卷，張大司寇草云照所屬也。

按：四年後，受世交張照之託再閱卷，此次為鄉試考卷。

3. 癸丑，十一年，四十一歲。八月，撫軍山東喬公世臣列款參郡守吳公節民，內一款「府試童生」，稱謙在署閱卷，合署領案共九名，通同得賄，於十四日繫獄。南浦先生以詩相慰，曰：「人間定可哀，此事復何來。杯盞成蛇影，文章豈雉媒。飲爻占悔吝，遁甲向驚開。聽取枝頭說，鵊羊未是災。」及對簿訊檢，都虛，臬司徐公士林旋檄童生面試，俱能文。後送院試，俱入泮。總督趙公弘恩察謙無辜，檄放，於十二年八月十九日歸家。在獄一載有餘，作時文四十餘篇，名《負暄草》。又樂府百章、古今體詩數十首。

按：此為明確記載的第三次閱卷（松江閱卷），但此次因事罹禍。

四、編制藝選本

1. 庚子，五十九年，二十八歲。是秋，華君（希閔）舉於鄉。選江浙考卷《能事集》，明經陳履萬先生宏謨研精製義，至老不倦，是選得陳先生之助居多。

按：培謙有多年的求學經歷，也有科考真題的評閱經驗，對塾學、科舉皆有深切的體會，此對編輯制藝選本及蒙學教材皆有助益。康熙五十九年，培謙首次受託閱無錫考卷，事後編輯了考試真題集《能事集》，身份有了轉換。據姚氏年譜記載，培謙雖僅編輯過若干部制藝文選本，其背後卻是對體量龐大制藝文的全面衡量與篩選。

2. 壬寅，六十一年，三十歲。秋，錫山鄒泰和學士升恒攜其所著文就謙商榷。歸後，復以靖海勵滋大太史宗萬《四書時藝》屬選。……冬，從坊人請，選歷科小題房書，名《豹斑》，以天蓋樓選本為宗，亦得陳先生之助。南浦先生與書曰：「足下所刻《于野集》《房書考卷》並《分體東坡詩》，披尋數日，未能遂窺壼奧。《於野》諸君子鼓吹風雅，鏘洋金石，豈直吾鄉盛事，抑將使海內人士望之若景星、卿雲。謂此為不急之務者，非知言也。已於前札中道之矣。《房書考卷》所收皆清卓一種，甚有益於初學，恨其太少耳。」同四兄心求選《六科小題房書》，自己亥至辛丑。

按：而立之年，培謙受友人之邀編輯四書時藝選本；受射利書坊之邀，編輯歷科小題房書選本，命名《豹斑》，並受到焦南浦嘉獎，足證此時的姚培謙已在制藝文編輯方面頗有建樹。

3. 戊申，六年，三十六歲。坊人請選三科墨卷，四兄心求主其事，謙列名焉。自癸卯開科起，至於丁未止。

按：培謙屢為坊人所請，操選政，編刻墨卷，足見其已名聲在外，即便列名也是營銷點。

4. 辛亥，九年，三十九歲。侍講顧小厓先生成天屬選《四書制藝》，來札云：「拙稿一生精力大半在此，思一手定之。今辰入申出，尚有他幹，必不可得矣。別無可託之友，不得不仰瀆於先生。」侍講文稿約六百餘篇，擇其尤佳者二百餘首付之坊人。

按：二次受託編選《四書制藝》。

5. 壬申，十七年，六十歲。與延之選刻《原海文會制藝》。

按：與好友王永祺選刻製藝文，是文會制藝文的結集。

五、編教材讀本

1. 壬寅，六十一年，三十歲。批選《左》《國》《史》《漢》《文》，至冬告竣，相國高安朱公軾作敘。

2. 癸卯，雍正元年，三十一歲。批選《唐宋八家文》，七月告竣。夏，學寫梅花於童素文錦。選《明文小題筏》。

按：康熙四十七年，培謙年十六，受業於莊安汝先生。莊氏開授即《明文小題》。

3. 己酉，七年，三十七歲。夏，患瘡寸步不能行。兀坐一室，偶讀邱瓊山《大學衍義補》，節錄一小冊，並參以史漢諸書，名《六官典故》。

4. 戊寅，二十三年，六十六歲。一月，擬成《小學節注》一書，粗定稿本，猶嫌過繁，尚欲改從省淨。

按：《小學》，朱熹編，是一本輯錄古代聖經賢傳、嘉言善行的語錄集，是向青少年傳播儒家思想的教科書，浸潤了濃重的理學色彩。書名《小學》，而大學之道實肇基於此。此書名氣雖大，說理卻嫌深奧，又多援引古禮，不諧時俗，在實際教學中並不易推廣。培謙節注之，以省淨為宗，蓋為蒙學讀本計。

5. 壬午，二十七年，七十歲。焦南浦先生有《讀學、庸、論語注疏》一書，表弟吳上舍耀寰光被益旒光裕曾輯錄而刻之家塾，繼因耀寰即世，益旒以順天鄉試中式乙科留京師，板本蠹敗，因與南浦高弟金上舍耐亭及延之重加整理，冀得廣為流播焉。

六、四遭舉薦

1. 己酉，七年，三十七歲。上年，詔令各州縣舉居家孝友、行止端方、才堪試用而文亦可觀者一人，郡學舉吳君白沙瀋，奉賢舉徐君聖功樞，南匯舉張君培三朱梅，青浦令馬公謙益會同儒學舉謙。時謙在制中，且自顧慚愧，力辭。

按：第一次薦舉「居家孝友、行止端方、才堪試用，而文亦可觀」，時為雍正六年（上年）。

2. 庚戌，八年，三十八歲。署教諭張公純舉報文行兼優。

按：第二次薦舉「文行兼優」。

3. 乙卯，十三年，四十三歲。世宗憲皇帝詔舉博學鴻儒，侍郎方公苞致書黃少宰，欲薦舉謙，招謙入都，少司寇馮公景夏亦欲薦謙應詔。自揣學殖空疏，力辭。

按：第三次薦舉「博學鴻儒」。

4. 丁卯，十二年，五十五歲。夏，閣學沈公德潛假滿還朝，六月十七日陛見，皇上問及江南文風士習，沈公奏謙閉戶著書不求聞達。上云：「不求聞達，就難得了。」十九日，傳旨進謙所著書籍。沈公呈《樂善堂賦注》四卷、《增輯左傳杜注》三十卷、《讀經史》二冊，上覽云：「《左傳》《經史》甚好，《賦注》尚有未詳處。」謙一介庸愚，獨學無師，管窺蠡測，何意得邀天鑒，欣悚交深。

第八章 《姚氏世譜》編輯指瑕

　　觀諸古今，世家大族莫不有譜。夫族之有譜，其重要性不言而喻。凡祖宗之遞傳、子姓之椒衍，雖年湮世遠，按之於譜，則朗若列眉，皆可燭照而數計。故而，對於姚氏這樣一個曾牽動數百年的名門望族而言，族譜本應為「標配」，當早日克成其事。其實不然，姚氏族譜的修撰工作卻極其落後。關於修譜之歷程，清人姚弘圖於所撰《姚氏世譜序》中有追述：「我族自宋南渡後，距今數百餘年，代有傳人，科第蟬聯，子孫椒衍，江浙推為望族，而家譜迄無成書，則甚矣譜之難也！前明司寇岱芝公（按：即姚士慎）嘗創始族譜，將梓而未逮。厥後，步仙、寧生、迴聞諸公相繼從事，亦皆中止。即封翁匏園伯獨力捐貲，刻而未竟。誠以一族之公事，而一人作倡此事固難，必眾擎易舉耳。今太史公聽岩兄（按：即姚弘緒）克承先志，敦本睦族，重建祖祠，而後即以刻譜為競競，補亡收逸，次序釐然。余也不材，左右而贊成之，往返江浙間，核實校勘，付之剞劂。合族同心佽助，閱一載而譜得竣。噫！以我族之譜，歷司寇諸公而未有成書者，今何幸而有此完本乎？爰述刻譜之由，並有望於後人繼起而修之者云。雍正乙巳仲冬，十三世孫弘圖字致遠謹識。」[註1] 按：《姚氏世譜》成書的編撰者之一姚弘圖，係怡清公支，見載於《姚氏世譜》第二卷，為廷禮嗣子[註2]，原名弘毅，字致遠，生於

〔註1〕 姚弘圖《姚氏世譜》卷首，清雍正三年平湖姚氏本。
〔註2〕 第二卷「怡清公支」載：世旭長子，廷詩，字為南，一字馭千，生於順治戊子二月十五日，卒於康熙辛丑正月二十八日，善詩賦書法，明醫藥濟世，娶沈氏、繆氏，生四子：弘景、弘圖、弘略、弘慈。世旭次子，廷禮，字孝則，一字馭鹿，生於順治丁酉十月日，卒於康熙丙寅四月十九日，娶趙氏，無子，以廷詩子弘圖嗣。

清康熙十四年（1675）七月二十一日，提督四譯館譯字生，娶楊氏。另一編撰者姚弘緒，係東野公支，見載於《姚氏世譜》第六卷，字起陶，號聽岩，生於清順治十五年（1658）七月初九日，婁縣例監生，康熙二十年（1681）舉人，康熙三十年（1691）進士，翰林院庶吉士，編修，敕授文林郎。雍正元年（1723）入值明史館，充纂修官。

現存上海圖書館的九卷本《姚氏世譜》，首一卷，即上文姚弘圖所言之完本族譜，刻於清雍正三年（1725），歲在乙巳，係由宋迄清數百年間平湖姚氏歷史上唯一的族譜成書，故彌足珍貴。全書分卷上、卷下兩部分，卷上三卷（含第一卷至第三卷）、卷下六卷（含第四卷至第九卷），黑口，單魚尾，左右雙欄，版心刻《姚氏世譜》的書名、卷第、支系名（如：姚氏世譜　第四卷　北田公支），葉十行，行二十三字，小字雙行，首明季吳默所撰《姚氏世譜序》〔註3〕，有「吳默之印」、「因之」兩方印；次姚弘緒所撰《里居考》《宗支考》《科名考》，有「南史之章」、「起陶」兩方印；次姚弘圖所撰《姚氏世譜序》，有「致遠」、「耕隱雲溪」兩方印；次《姚氏世譜》正文。

修撰這樣一部「集萬千寵愛於一身」的族譜，編撰者本應懷著崇高的使命感，態度審慎為是，以力求完善，勒成典範，實則不然。由於編者態度馬虎，工作草率，致使該書存在字號錯亂、行輩錯亂、脫字衍字、人名前後不一、有悖常理、編排體例不統一、同音字誤代等諸多問題，雖說瑕不掩瑜，功大於過，但誠為美中不足，而有指正之必要。茲條辨如次：

一、字、號錯亂，前後不一

如卷首第六世載：「奇長子，琳，字怡然」、「奇次子，珪，字怡清」、「奇三子，璋，字公瓚，號怡善」。按：奇之三子，琳、珪，皆有字無號，璋有字有號，據琳、珪之取「字」法順推，「怡善」當為璋之「字」，而非「號」。又據卷一「怡然公支」第六世載：「琳，號怡然」，無字；卷二「怡清公支」第六世載：「珪，號怡清」，亦無字。可見：卷首、卷一、卷二中，琳、珪之字、號，是錯亂顛倒的。而依據古人取名及字的規則、常識推測：怡然、怡清、怡善，宜為琳、珪、璋之「號」，而非「字」（按：公瓚，為璋之「字」，即比為其「號」

〔註3〕係司寇岱芝公創始族譜之序，事見序文：「歲在庚午，大司寇姚先生承先人之意，於其宗秩而譜之，以示予，懇懇乎！其欲予之序之也。……信乎！譜之為功於族，亦以人之足重夫譜。姚之子孫倘思其所為積累締造者而追蹤之，保世滋大，甚未艾也，予故欣焉序之。崇禎庚午仲春，通家侍弟吳默頓首拜撰。」

合理）。故此處字、號錯亂，莫衷一是。

又如第四卷「北田公支」第十世載：「體恕長子，士謙，字邦益，又字完白」、「體恕次子，士謹，字邦友，號完樸」。據此上下語境，完白與完樸，當皆為「字」，或皆為「號」，不應一字一號，而前後不一。另據古人取字、號的常情規則，完白與完樸，為號為妥。

二、脫字

如卷首《科名考》其二載：「迭貴更榮，聯綿不絕其盛二，若夫橋梓並茂者三人，棣萼聯芳者四見，此又科名之盛事而世家所僅有者。」〔註4〕據全段行文句式推斷：「聯綿不絕其盛」之後當脫一「者」字。

又第二卷「怡清公支」第十四世載：「弘彪子，培庚」，按上下文的編排體例，「子」字之前乃脫一「長」字。

又第四卷「北田公支」第十一世載：「士翹長子，世雅，字伯言，生於萬曆甲申，康熙，娶曹氏、金氏，生一子廷璠。」據上下文意和行文習慣，年號「康熙」前，當脫「卒於」二字。

又第四卷「北田公支」第十二世載：「世科子，廷珣，字琬生，生於順丁亥七月二十八日，卒於康熙己卯三月初七日。」順，當為「順治」之訛，其後脫一「治」字。

三、衍字

如第二卷「怡清公支」第十三世載：「廷揆長子，駿曾，字公邁，生於康熙丙午九月初六日，娶俞氏、何氏，生一子全。」第十四世載：「駿曾子子：全」。據第十三世可知：第十四世多出一「子」字。

又第三卷「西坡公支」第十世載：「世沾，字龐宇，宇娶張氏」，植入第二個「宇」字，儘管句意也通，但依兄弟行「世治，字方宇，娶許氏」、「世瀛，字泓宇，娶陸氏」、「世淳，字震宇，娶李氏」等著述體例，第二個「宇」字，當為衍字。

又第四卷「北田公支」第十三世載：「廷謨長子，弘毅，字伯卿，生於順治丙申九月二十八日，娶汪氏，生無子。」據全書著述體例，「無子」二字前之「生」字衍。又第八卷「東洲公支」第十一世所載「士鏊長子，世恩，字伯

榮，生於崇禎丙子四月十四日，娶錢氏，生無子」，亦坐此病〔註5〕。

又第七卷「中山公支」第十四世載：「弘桂子，廣陞，字虞登，生於康熙甲子十二月三十三日」，「三十三日」顯誤，疑即「三十日」，第二個「三」字衍。

又第八卷「東洲公支」第十一世載：「士明四子，世藻，字瑞岩，生於順治己卯日十一月二十四日，卒於康熙丙子十二月初二日。」按：「己卯」是紀年，其後「日」字衍。又按：順治有己丑、己亥紀年，而無己卯年，此處顯誤。

四、有悖常識

如卷一「怡然公支」第十四世載：「弘蒙次子，廣晢，字又點，生於康熙戊寅三月十二日」、「弘蒙三子，廣昱，字子園，生於康熙戊寅十一月十七」，而前文「第十三世」則載：「廷綏子，弘蒙，字繼方，生於順治辛卯十月初二日。娶徐氏，生三子：廣昇、廣晢、廣昱。」據此可知：廣晢、廣昱，同為徐氏所出，而兩人同年，生日之「十一月十七日」與「三月十二日」，卻間隔僅八個月有餘，不符合生育規律，必有誤記之處。

又第四卷「北田公支」第十二世載：「世章次子，廷侑，字集生，又字子殷，生於崇禎庚午九月十四日，娶顧子，生一子弘美。」顧子當作「顧氏」。

又第五卷「南汀公支」第十一世載：「士慎子，世曙，字彥深，生於萬曆庚申七月初一日，卒於順治己丑九月二十三日，平湖縣官廕生。」「縣官」當為「縣學」。

五、行輩錯亂，前後不一

如第一卷「怡然公支」第十五世載：「廣譽四子，光曾，字學乾，生於康熙乙亥七月初十日，娶魏氏、金氏。」而據前文第十四世「廣譽」條載：「弘鼎長子，廣譽，字令聞，生於順治辛卯三月十六日，卒於康熙辛丑九月十七日。娶朱氏、戚氏，生三子：卣、卓、曾。」光曾，實為廣譽第三子。第十五世作「四子」，錯誤。按：「光」，為第十五世的行輩字，事見姚弘圖撰《姚氏世譜序》之附載：「憶昔康熙癸酉中秋前一日，余侍先大人與封翁芄園伯於後樂臺商酌匯輯族譜遺稿，並慮後世字輩錯亂、序次難查，從十五世以後，共擬一十六字云『光大前業，垂裕後昆，積善餘慶，百葉長新』以

〔註5〕按：全書僅此兩處有此病誤。

名其首，下字則各自酌取。庶族繁派遠，不至前後溷淆，是以附諸序末，祈世世相傳，勿諼云爾。」〔註6〕

又第四卷「北田公支」第十世載體忠次子士翹娶高氏，生五子：世雅、世維、世權、世俊、世曜。第十一世卻登載世權為士翹四子，次載世俊亦為士翹四子（按：此條正確），世權為士翹四子顯誤，乃為其三子。

又第四卷「北田公支」第十世載：「體益長子，士芮，字復南，生於嘉靖丙寅正月十三日，卒於天啟丁卯正月初一日，娶干氏（享年八十有一），生二子：世豫、世章。」載明士芮僅有二子，即：世豫、世章。而第十一世則載作：「士芮五子，世豫，字敬南，生於萬曆癸卯七月二十三日，卒於康熙壬寅十月十四日，娶夏氏，無子，以世章長子廷休嗣。士芮六子，世章，字華南，生於萬曆乙巳十一月十八日，卒於順治庚子五月初八日，娶徐氏，生四子：廷休，嗣世豫；廷侑；廷佚；廷儼。」故第十一世言士芮之「五子」、「六子」皆誤，應為長子、次子。

又第四卷「北田公支」第十三世載：「弘璠三子，弘海，字漢公。」弘璠當作廷璠，「廷」字輩，為「弘」字輩的父輩。

又第五卷「南汀公支」第十一世載：「世馨，字寧生，生於萬曆丁未七月十五日，卒於康熙乙丑十一月二十四日，平湖縣庠生，娶趙氏，生五子：廼、廷賽、廷賓、廷賞、廷貴。」可知：廷賓為第三子，廷貴為第五子。第十二世卻載作：「世馨四子，廷賓」、「世馨六子，廷貴」，行輩前後不一。

六、人名前後不一

如第一卷「怡然公支」第十三世載：「廷猷次子，文允，字孝求，生於順治辛卯十二月十五日，卒於康熙壬寅九月二十三日。平湖縣庠生，娶楊氏，生二子：綏武、斜武。」第十四世則載：「文允長子，綏武，字亢宗，生於康熙戊午十一月初一日，娶李氏，生二子：光眉、光疆」、「文允次子，緝武，字孔昭，一字思序，生於康熙己巳十一月二十二日，卒於雍正癸卯八月初四日，娶張氏，生一子光壽。」第十五世載：「斜武子，光壽，生於康熙庚子十月二十一日。」文允次子，或斜武，或緝武，不能並存。

又第一卷「怡然公支」第十四世載：「廣皙，字又點，生於康熙戊寅三月十二日，娶金氏，生一子光垣。」第十五世則載：「廣皙子，光斗」，廣皙僅生

〔註6〕姚弘圖《姚氏世譜》卷首，清雍正三年平湖姚氏本。

一子，卻有光垣、光斗兩說，其中必有一誤。

又第一卷「怡然公支」第十四世載：「弘蒙三子，廣昱，字子園，生於康熙戊寅十一月十七日，娶胡氏，生一子光籓。」第十五世則載：「廣昱子，光洴。」廣昱僅一子，卻光籓、光洴前後兩說，亦必有一誤。

又第二卷「怡清公支」第十一世載：「士淇五子，世育，字生萬，生於順治戊戌三月二十二日，卒於康熙辛卯二月十九日，娶何氏、曹氏，生六子：廷藩、廷屏、廷芳、廷芝、廷揚、廷輝。」據此可知：世育第五子、六子為廷揚、廷輝，而第十二世卻載曰：「世育五子，廷藝，字倍千，生於康熙甲戌七月初十日，娶阮氏，生子。世育六子，廷英，字石舟，生於康熙丁丑三月二十三日，娶馬氏。」世育前四子第十一世、十二世記載一致，而第五子、六子，卻有廷揚、廷輝和廷藝、廷英兩說，前後不一，必有一誤。

又第二卷「怡清公支」第十二世載：「世隆長子，廷揆，字熙伯，生於順治乙酉七月二十六日，卒於雍正癸卯十二月初四日，娶潘氏，生三子：駿曾、慶曾、弘綬。」第十三世則載：「廷揆次子，弘繹，字紹齊，生於康熙丙辰十二月初九日，娶陸氏。」廷揆次子，遂有弘繹、慶曾兩說（按：長子、季子前後一致），前後不一。

又第五卷「南汀公支」第十二世載：「世春嗣子，騰英，字雲士，生於崇禎辛未十一月初五日，卒於康熙月日，平湖縣學增廣生，娶沈氏，生四子：弘斌、弘奇、繩武、弘基。」第十三世載：「騰英三子，純武，字經文，生於康熙壬寅九月二十八日，平湖縣庠生，娶全氏，生一子廣仁。」第十四世載：「繩武子，廣仁，字寶林，生於康熙丙子十一月十四日，娶曹氏。」騰英三子有「繩武」、「純武」二說，亦必有一誤。

又第五卷「南汀公支」第十三世記載：「楫子，尹，字起莘，生於康熙丙寅二月十五日，金山衛庠生，娶黃氏、王氏，生二子：培芝、培蘭。」第十四世則載曰：「尹長子，培功，字景元，生於康熙庚寅二月十一日，金山縣庠生，娶氏；尹次子，培藻，字芳新，生於康熙壬寅九月十五日，金山縣庠生，聘馬氏，未娶而亡，不嗣。」尹有二子，前文作：培芝、培蘭；後文作：培功、培藻，前後不一，莫衷一是。

又第八卷「東洲公支」第十三世載：「廷柳長子，弘琇，字朗山，生於康熙壬寅二月十六日，娶紀氏，生二子：廣慧、廣德。」第十四世則載曰：「弘琇長子，廣慧，字達人」、「弘琇次子，廣徽，字裕剛」，廣慧前後一致，廣德

則易名廣徽，二說必有一誤。

七、同音字誤代

如第一卷「怡然公支」第十六世載：「光瓚子，大斌，字德培，生於康熙辛巳三月初八日，娶張氏，生一子前源。」第十七世載：「大斌子，前原，生於康熙戊戌十一月初八日。」源、原，同音而異字，當有一誤。

又第二卷「怡清公支」第十一世載：世育「娶何氏、曹氏，生六子：廷藩、廷屏、廷芳、廷芝、廷揚、廷輝。」第十二世則載：「世育三子，廷方，字譽乖，生於康熙庚午九月二十三日，娶何氏」，廷芳乃易作廷方。按：其兄弟行取名多以草字頭，故「廷芳」為是。

又第二卷「怡清公支」第十三世載：「廷鑾三子，宏森」、「廷鑾四子，宏垚」，按之族譜行輩字，『宏』當作「弘」。

又第二卷「怡清公支」第十三世載：「廷瑜三子，弘繡，字聖倩，生於康熙壬午四月二十八日，娶李氏，生一子培傳」，而前文第十二世「世觀次子，廷瑜」條則載作「弘鏽」。後文第十四世載作「弘繡」。繡、鏽，同音而異說，而據其字「聖倩」推測，以「繡」為妥。

又第三卷「西坡公支」第十一世載：世文「娶宋氏，生二子：廷琇、廷英。」第十二世載：「世文長子，廷琇，字良甫，生於崇禎癸未五月二十日，卒於康熙壬寅十一月十一日，娶馬氏，生二子，弘紳、弘綠」，第十三世載錄弘紳、弘綠時，則變成「廷秀子」。琇、秀同音而歧出。

又第四卷「北田公支」第十一世載：「世董次子，世褐，字三英」，世董應作士董。「士」字輩，為「世」字輩的父輩。

總按：古人刻書不似今人嚴謹，同音字替代現象頗為常見，但仍是瑜中之瑕，無法掩飾和忽視。

八、編排體例不統一

如第一卷怡然公支，編排到第十七世；第二卷怡清公支、第三卷西坡公支、第四卷北田公支、第六卷東野公支、第七卷中山公支、第八卷東洲公支，皆編排至第十五世；第五卷南汀公支則編排到第十六世，第九卷僅編排到第十一世，前後體例有別。

又如第二卷「怡清公支」第十三世先載述廷瓚次子，再載述廷瓚長子；第

七卷「中山公支」第十三世先登載廷儲次子弘鳳、次載廷儲長子弘蕃；第八卷「東洲公支」第十一世先載述士宿次子世暎，次載述士宿長子世能。皆不符合常規，也與全書編排體例不一致，應先長次幼。按：全書僅此三處行序顛倒。

此外，書中尚有漏載之疏誤，如第二卷「怡清公支」第十二世載：

世齊長子，廷志，字孟持，生於康熙庚戌六月二十七日，卒於壬寅十月廿三日。平湖縣例監生，考授州同，娶沈氏，無子，以廷恩子嗣。

世齊次子，廷恩，字仲霈，行五，生於康熙癸丑九月初二日，娶孫氏，生二子：弘雋，嗣廷志；弘集。

世齊末子，廷忠，字季超，行七，生於康熙己卯八月十一日，娶顧氏，生二子：弘翼，嗣廷志；弘鬻。

綜合上述三條記載，第一條、第二條合。即：廷志娶沈氏，無子，遂以廷恩長子弘雋嗣，第三條則載明弘翼亦為廷志嗣子。又據第十三世所載，弘雋、弘翼並為廷志嗣子，故第十二世「廷志條」漏載一嗣子。

第九章　《姚氏世譜》點校

　　引言：清雍正三年平湖姚氏木活字本《姚氏世譜》，清人姚弘圖纂修，凡九卷，首一卷，二冊，為姚氏歷代所修世譜中唯一成書，上海圖書館藏，本章點校即以之為底本。眾所周知，古籍點校包括兩方面工作，一是點，即標點，古稱句讀，一個版本即可開展工作；一是校，即校對，一般需要兩種以上版本互校，但《姚氏世譜》僅上述一種版本，所以互校談不上，只能根據底本前後文做些自校工作，題名曰「點校」，稱呼之便也，其實「校」字落實不多，至少「他校」沒有落實，本章主要是「點」的工作。茲按原書編排之順序點校如次：

一、序跋凡例等

1. 吳默撰《姚氏世譜序》

　　歲在庚午，大司寇姚先生承先人之意，於其宗秩而譜之以示予，懇懇乎！其欲予之序之也。予按：姚氏譜，自有虞受姓以來，歷三代漢唐，數千年間，陳媯皆其裔也。迨後，有居吳興之武康諱敷者，始復姓姚。敷生七子，散處四方，長河南陝州，次江南安慶，三湖廣，四蒼梧，余家於浙。而舜裔老譜二冊，一存蒼梧，一存河南陝州，世次略存，其詳不可考也。自宋至本朝，其支分派別，慈谿之有姚氏，則自敏公始；平湖之有姚氏，則自南山公始。入吾明，而以科甲顯者，則自怡善公之五子始。司寇公曰：「老譜之有蒼梧、河南、湖廣也，是吾所不能祖也。吾所祖者，宋寶慶皇帝時和州知州誥封朝列大夫泰始公，是為慈谿諸姚。又七世而耕隱公居湖州，以入於明，松江、平湖皆同派也。今已過之譜之不修，更數世後，雖本支怡善公考懼且莫考，又何論蒼梧、河南、

慈、廣哉！」予歎曰：如子言是，族之親以譜也，然譜之為功於族，亦以其中之有人焉耳。徵於姚氏，有人三焉：怡善公隱居尚志，其於古帝王將相儒者之略無所不窺，嘗曰「人生須立志」，諸子恪遵庭訓，是用崛興。若怡善公者，可為姚氏之一人也。而司寇公於怡善公為曾孫，予友也，性奇穎，九歲能屬文，出入經史，成一家言，以疏諫開礦，謫福州，經歷考起大理少卿，又推勘魏閹奸黨，矯矯風節。若司寇公者，可為姚氏之一人矣。其從弟慈明，以明經任湖廣新寧縣，召民墾荒，七千餘畝遂成沃土，每以「四知」自勵，故新寧有載道碑，大臣薦於朝，而公已有林泉之志，圖書數卷，灑然自娛。若慈明者，又姚氏之一人矣。天下之生久矣，有一於此，可為有人，況共三乎！信乎！譜之為功於族，亦以人之足重夫譜。姚之子孫倘思其所為積累締造者而追蹤之，保世滋大，甚未艾也，予故欣焉序之。崇禎庚午仲春，通家侍弟吳默頓首拜撰。

2. 姚弘緒撰《里居考》

居於廣陳，從始祖南山公始也。公由鹽官再遷，卜居於此，陶復陶穴，實兆發祥之基，故宗祠在焉。居於海上之全公亭，東橋、北湖父子兩公是也。再傳而耕隱公，遂遷於黃圩矣。居於黃圩，從南山公五世冢孫耕隱公始也。公生三子，分怡然、怡清、怡善三支。怡善贅於五保，而怡然、怡清之子孫則世居黃圩焉。居於五保，從東橋公曾孫怡善公始也。公為耕隱公幼子，贅居南陸張氏，遂入籍華亭，生五子，兩登賢書，俱係南籍，猶從母姓，嗣後科第聯綿，至今不絕，江浙兩地推為望族，實由此始云。居於錢塘者，東洲公四世孫槐軒公機，為錢塘方山沈氏贅婿。三傳而丹淵公，捷南宮，但子姓寥寥。三十年來，聞益陵替矣。居於新帶者，怡然公四世孫仲鶴公士全，贅於莊氏，生子青虯公，登浙省賢書，後人遂世居焉。居於七寶者，怡然公五世孫世源，字瀛海，贅於徐氏，子若孫因便附居，已閱四世矣。居於京者，中山公五世孫廷垣，於康熙癸卯年攜二子出遊，流落不偶，遂入隸鑲黃旗下，旗主待之頗憂，因視帝城為樂土矣。今長子已故，無子，在包衣內者兩世不過三四人耳。總而計之，東洲公一宗，居於廣陳者多。東橋公一宗，怡然則居於樓下新廟者多，怡清則居於界河新港者多，怡善則居於五保者多，亦有互居於松城湖邑及各鄉鎮者，不能一一數也。

3. 姚弘緒撰《宗支考》

一世至二世，為姚氏江浙合族同祖。三世分東橋、東洲兩宗，東橋之孫從全公亭遷黃圩，為黃圩五保之祖。東洲世居廣陳，為廣陳錢塘之祖。六世東橋

公一宗分為怡然、怡清、怡善三支，怡然為黃圩樓下新帶〔註1〕七保〔註2〕之祖，怡清為界河新港之祖，怡善為華亭五保之祖。七世東洲公一宗又分錢塘一支。八世怡善公一支又分西坡、北田、南汀、東野、中山五支。

4. 姚弘緒撰《科名考》

科名考一：我族雖係浙籍，而登科實始於南闈，登第則始於浙省，總計鄉榜十有四人。南籍居十，西坡、南汀、龍山、龍石、儆我、彥深、赤城、培仁、培衷、培益是也；浙籍居四，龍津、韶羽、青蚵、念祖是也。甲榜六人，浙籍居三，華陸、岱芝、丹淵是也；南籍居三，澹楠、弘緒、培和是也。我族自明弘治辛酉科至今雍正癸卯科，歷二百二十二年，科第二十人，出自長房東橋公一宗者十有九，一為怡然公，後世居當湖之黃圩者也；其十八皆怡善公後，由黃圩遷於華亭之五保者也。出是〔註3〕次房東洲公一宗者一，則自廣陳遷於錢塘者也。我族之登鄉薦，自西坡公開其先。而捷南宮也，自華陸公啟其盛。怡善公後，科名最盛，五支八世共二十人。而五支之中，南汀一支尤為極盛，中山次之。南汀公父子四人並登賢書，而長子僉憲龍津公之嗣孫又後先通籍，名位尊顯。至彥深公克嗣家聲，又為本朝登科之首。西坡、南汀兩公，初從母氏張姓題名，迨南汀公服官後，始疏請改正，有「棣萼聯芳」坊建在南陸，今毀，載在《松江府志》。中山公一支，自冢孫大參華陸公聯捷以後，閱三十年，而刺史儆我公嗣響於南闈。又百年，而赤城公揚鑣於京兆，又二十八年，念祖公登浙榜，刺史公次房之冢孫也，赤城公長房之裔孫也。北田公一支，至四傳而韶羽公魁浙省，似亦少遲矣。然南汀公之後，曳履乘驄者皆其裔也。遲至又久者，惟東野公一支為然。東野公之後，雖抑鬱困頓二百餘年，然自再傳以下，詩禮相承，人文代出，子姓之蜚英庠序、振藻藝林者前後不下數十人。至小子弘緒譾材薄殖，於康熙辛酉登賢書，辛未成進士。緒子培和，康熙萬壽恩科，聯捷進士。培仁、培衷、培益俱孝廉。今日之叨受國恩，皆累世稽古之澤也。怡然、怡清、怡善，皆東橋公孫也。怡然公支，惟青蚵公一薦鄉闈，後亦罕有繼者。至怡清公一支，二百餘載未破天荒，積厚流光，知必有待矣。廣陳為始祖創業之地，次房東洲公一宗世居焉。後惟遷於錢塘者捷南宮一人，即丹淵公士同也。

〔註1〕按：前文《里居考》先作「新帶」，後作「新廟」。
〔註2〕按：前文《里居考》中作「七寶」。
〔註3〕按：據前文體例及文意，「是」或作「自」，或為衍字。

　　科名考二：我族科第之盛，莫過於怡善公一宗。五支遞茂，八葉均榮，其間多寡遲速，則略有不同者。如公之五人，長西坡公奎，次北田公璧，三南汀公參，四東野公軫，五中山公井。西坡發於本身，南汀發於身發於子，又發於嗣曾孫及四世嗣孫。中山發於冢孫、曾孫及五世孫，北田發於出嗣之曾孫及本支之四世孫。東野公則發於六世孫及七世孫，此遲速之不同也。公後科第十有八人，西坡公先貴，及身而止。南汀公本身而外，又得其六。中山公一支，得其四。北田公一支，除出嗣者不計，得其一。東野公一支，得其五，此多寡之不同也。公伯子西坡首捷南闈，叔子南汀公繼之。再傳，而僉憲龍津公籛、龍山公簀、龍石公笏繼之。三傳，而大參華陸公體信繼之。四傳，而刺史儆我公士豸、大司寇岱芝公士慎、侍御澹楠公士恒繼之。五傳，孝廉韶羽公世儀、彥深公世曙繼之。六傳，而赤城公釗、念祖公鳳鳴繼之。七傳，予小子弘緒。八傳，緒子培仁、培和、培衷、培益，則八葉於茲矣。支分年遠，輝映後先，其盛一至龍津僉憲，龍石、龍山兩孝廉，皆南汀公子也。大參、刺史及赤城、念祖兩孝廉，中山公支也。韶羽孝廉，北田公支也。大司寇、侍御、彥深孝廉，又自北田公支，繼於南汀公後者也。予小子弘緒，緒子培仁、培和、培衷、培益，則東野公支也。迭貴更榮，聯綿不絕其盛〔註4〕二，若夫橋梓並茂者三人，棣萼聯芳者四見，此又科名之盛事而世家所僅有者。

　　科名考三：我族登科無最少年，亦無最晚成者。西坡公，弘治辛酉科，年三十六。南汀公，正德庚午科，年三十四。龍津公，嘉靖辛卯科，年二十九。龍山公，嘉靖辛酉科，年二十七。龍石公，嘉靖甲子科，年二十三。華陸公，嘉靖丙辰科聯捷，年二十九。儆我公，萬曆乙酉科，年二十八。岱芝公，萬曆甲辰科聯捷，年二十七。丹淵公，萬曆己酉科聯捷，年三十。澹楠公，萬曆戊午科，年三十四。天啟壬戌科會試中式，年三十八。韶羽公，萬曆戊午科，年三十一。青虯公，天啟甲子科，年四十四。彥深公，順治戊子科，年二十九。赤城公，康熙甲子科，年五十。小子弘緒，康熙辛酉科，年二十四。又十年，辛未而成進士。念祖公，康熙辛卯科，年五十二。緒子培和，康熙癸巳科聯捷，年三十二。培仁，雍正癸卯科，年四十四。培衷，康熙丁酉科，年三十四。培益，康熙甲午科，年二十五。西坡公，南榜四十六名。南汀公，南榜六十一名。龍津公，浙榜第六名。龍山公，南榜四十九名。龍石公，南榜一百十四名。華陸公，浙榜八十六名，會試六十六名，殿試二

〔註4〕按：據前後文體式，「盛」後疑脫「者」字。

甲。儆吾公，南榜五十一名。岱芝公，浙榜十六名，會試四十八名。丹淵公，浙榜第七名，會試第七名。澹楠公，南榜一百四十八名，會試三百七名，殿試俱三甲。韶羽公，浙榜第十名。青虬公，浙榜十三名。彥深公，南榜六十三名。赤城公，北榜五十四名。小子弘緒，南榜三十五名，會試一百十一名，殿試二甲第三名。念祖公，浙榜四十四名。培仁，南榜八十一名。培和，北榜一百二十一名，會試第十三名，殿試三甲第二名。培衷，北榜第一百二名。培益，南榜八十六名。南汀、龍津、岱芝、彥深，俱橋梓也，父子而分江浙兩闈。龍山、龍石以兄弟，而籍分民灶，在江南為民籍，浙江為灶籍。吾族辛酉科最利，西坡公則是弘治辛酉也，龍山公則嘉靖辛酉也，康熙辛酉則予小子倖繼武焉，惟天啟辛酉無有獲售。是年，大令慈明公士歆以湖庠歲薦，遇熹宗登極，準作恩貢，筮任新寧，或亦補其闕乎！雍正乙巳小春，十三世孫弘緒謹識。

5. 姚弘圖撰《姚氏世譜序》

夫族之有譜，由來尚矣。凡祖宗之遞傳，子姓之繁衍，雖世遠年湮，按之於譜，森若列眉，皆可燭照而數計，是譜之有裨於族者，功甚大也！我族自宋南渡後，距今數百餘年，代有傳人，科第蟬聯，子孫椒衍，江浙推為望族。而家譜迄無成書，則甚矣譜之難也！前明司寇岱芝公嘗創始族譜，將梓而未逮。厥後，步仙、寧生、迴聞諸公相繼從事，亦皆中止，即封翁匏園伯獨力捐貲，刻而未竟。誠以一族之公事，而一人作倡此事固難，必眾擎易舉耳。今太史公聽巖兄克承先志，敦本睦族，重建祖祠，而後即以刻譜為競競，補亡收逸，次序釐然。余也不材，左右而贊成之，往返江浙間，核實校勘，付之剞劂。合族同心佽助，閱一載而譜得竣。噫！以我族之譜，歷司寇諸公而未有成書者，今何幸而有此完本乎？爰述刻譜之由，並有望於後人繼起而修之者云。雍正乙巳仲冬，十三世孫弘圖字致遠謹識。

6. 姚弘圖撰《捐刻銀數刊列卷尾》

憶昔康熙癸酉中秋前一日，余侍先大人與封翁匏園伯於後樂臺商酌匯輯族譜遺稿，並慮後世字輩錯亂、序次難查，從十五世以後，共擬一十六字云：「光大前業，垂裕後昆，積善餘慶，百葉長新」以名其首，下字則各自酌取。庶族繁派遠，不至前後溷淆，是以附諸序末，祈世世相傳，勿諼云爾，弘圖並述。

二、正文

《姚氏世譜》卷之首

第一世

　　姚氏一宗始祖，秀一，字文祥，號南山，生於宋德祐元年十月初七日，卒於元元統二十一年四月十八日。娶趙氏，生一子：思敬。

第二世

　　秀一公子，思敬，字樸軒，號存中，生於元元貞九年七月十三日，卒於明洪武四年六月初四日。娶全氏，生三子：宗顯；宗達，不傳；宗正。墓在全公亭。

第三世

　　思敬長子，宗顯，字汝明，號東橋，生於元泰定三年六月初一日，卒於明永樂二年二月十一日。娶宋氏，生二子：琛、珢。

　　思敬三子，宗正，字汝方，號東洲，生卒年月無考，娶陸氏、沈氏，生一子：謙，分支錢塘、新行、廣陳同祖。

第四世

　　宗顯長子，琛，字庭器，號北湖，生於元統十四年九月初九日，卒於宣德四年正月二十七日。國學生，娶陸氏，生一子：奇。

　　宗顯次子，珢，字庭用，號北溪，生卒年月無考，娶張氏，生一子：獻。

第五世

　　琛之子，奇，字伯明，號耕隱，生於洪武四年正月十五日，卒於景泰三年正月十五日。湖州府庠生，娶沈氏、朱氏，生三子：琳，譜分卷一；珪，譜分卷二；璋，譜分五支。

　　珢之子，獻，字大用，號隱居，生卒年月無考，娶李氏，生二子：珮，字竹軒，娶周氏、阮氏，無子，不嗣；瑗，字松軒，娶張氏，無子，不嗣。

第六世

　　奇長子，琳，字怡然，生卒年月無考，娶朱氏，生二子：鸞；鳳，字庭韶，娶王氏，無子，不嗣。

　　奇次子，珪，字怡清，生卒年月無考，恩賜散官，娶馬氏，生五子：雲，不傳；霓；雷；電；震，不傳。

奇三子，璋，字公瓚，號怡善〔註5〕，生於正統乙丑七月十一日，卒於正德庚辰六月二十七日。誥封承德郎，北京工部都水司主事，娶張氏，誥贈安人，生五子：奎、璧、參、軫、井。

《姚氏世譜》第一卷（怡然公支）

長房東橋公後，怡然公世系，第六世起，五世以前見卷首。

第一世

南山公，秀一，合族世祖。

第二世

樸軒公，思敬，南山公子單傳。

第三世

東橋公，宗顯，樸軒公長子，為長房之祖。

第四世

北湖公，琛，東橋公子單傳。

第五世

耕隱公，奇，北湖公子，公生三子，長為怡然公琳，是卷所係琳之後也。

第六世

奇長子，琳，字〔註6〕，號怡然〔註7〕，生卒年月無考，娶朱氏，生二子：鸞、鳳。鳳，娶王氏，無子，不傳。

第七世

琳長子，鸞，字廷儀，號竹溪，生卒年月無考，娶潘氏，生二子：焯、燈。

第八世

鸞長子，焯，字子明，號鶴山，生於弘治己未六月初二日，卒於嘉靖戊午三月二十四日。鄉飲壽官，嘉靖甲辰，平湖知縣曾曙旌其閭曰「孝善」。娶楊氏〔註8〕，生二子：體全、體備。

〔註5〕按：由琳、珪二人之「字」順推，此處「怡善」當為「字」，非「號」，否則不一其矩。然據古人取名與字的常識推測，怡然、怡清、怡善皆應為「號」，而非「字」。

〔註6〕按：原文「字」後空白，下文凡「字」後空白，即無「字」，或失載者，皆不再照錄單獨一「字」字。

〔註7〕按：字、號混亂，與卷之首所載「字怡然」矛盾，按理怡然應為「號」，前文已申說，茲不贅述。

〔註8〕原文小字注曰：享年九十。

　　鷺次子，燈，字子清，號鶴州，生於弘治壬戌正月十三日，卒於嘉靖乙巳正月初六日。鄉飲賓，娶俞氏，生一子：一陽。

第九世

　　焯長子，體全，字叔時，號少鶴，生於嘉靖壬午八月二十一日，卒於萬曆戊子十一月日〔註9〕，原名一化，平湖縣廩生，入監，娶陸氏，生四子：士志、士恩、士懋、士思。

　　焯次子，體備，號少山，生於嘉靖丙申五月初七日，卒於萬曆戊戌十月初六日。原名一貫，嘉興府庠生，娶張氏，生三子：士鱉、士鯨、士衡。

　　燈子，一陽，字叔初，號見心，生於正德辛巳十一月初九日，卒於萬曆辛巳五月初二日。平湖縣庠生，娶毛氏，生一子：士彥。

第十世

　　體全長子，士志，字邦道，號和鶴，生於嘉靖壬寅月日〔註10〕，卒於萬曆癸丑十二月二十日。嘉興府庠生，娶翁氏，生四子：世綸、世祚、世禮、世裕。

　　體全次子，士恩，字邦義，號仲鶴，生於嘉靖丁未六月初四日，卒於萬曆甲寅二月。壽官，贅莊氏，生五子，俱依母族，世居新帶鎮：世烘、世勳、世熙〔註11〕、世烈、世照〔註12〕。

　　體全三子，士懋，號鳴鶴，生卒年月無考，娶金氏，生二子：世仁、世祿。

　　體全四子，士思，號隱鶴，生於嘉靖壬戌六月十六日，卒於崇禎壬申正月初二日。娶沈氏，生二子：世英、世俊〔註13〕。

　　體備長子，士鱉，字聚真，生於嘉靖癸亥八月初五日，卒於崇禎己卯正月初七日。平湖縣庠生，改吏選，授江南滁州倉大使，娶陳氏，生一子：世禮。

　　體備次子，士鯨，字元所，生於嘉靖丙寅五月二十五日，卒於崇禎壬午十一月十一日。娶顧氏，生二子：世稷、世祉。

〔註9〕按：原文「日」前空白。下文凡「日」前空白者，即生日已失載者，皆不再照
　　　　錄單獨一「日」字。
〔註10〕按：原文「月」前、「日」前皆空白，下文凡「月」前空白者，即生月已失載
　　　　者，皆不再照錄單獨一「月」字。
〔註11〕原文小字注：世熙，字叔明，娶黃氏，生子廷紳，字君蘭，娶周氏，無子，不
　　　　嗣。
〔註12〕原文小字注：世照，字臨之，娶俞氏，生子廷紀，字允彝，生子弘名，夭，不
　　　　嗣。
〔註13〕原文小字注：世俊，字啟明，娶沈氏，生二子，長廷珍，字伯玉，娶吳氏；次
　　　　廷璟，字仲玉，娶潘氏，俱無子，不傳。

體備三子，士衡，字君輿，生於萬曆戊寅三月初三日，卒於崇禎甲申十月十七日。平湖縣庠生，娶張氏，生一子：世祜。

一陽子，士彥，字養心，生於嘉靖辛丑五月二十日，卒於萬曆辛亥二月初四日。平湖縣庠生，娶顧氏、張氏，生五子：世渗，早夭；世淆，字奉華，娶宋氏，生子廷新、廷靳，早卒；世津，字敬心，娶周氏，生子廷鼎，娶陳氏，無子，俱不嗣；世淶；世源。

第十一世

士志長子，世綸，字心塘，生於嘉靖辛酉十二月二十八日，卒於崇禎辛巳十一月十七日，享年八十有一，娶朱氏，生三子：廷鍾、廷鏞、廷鈞。

士志次子，世祚，字心虞，生於嘉靖乙丑八月初四日，卒於順治己丑九月二十二日，享年八十有五，娶戈氏，生三子：廷組、廷沛、廷深。

士志三子，世禋，字養默，生於隆慶壬申八月二十日，卒於順治辛卯七月二十五日，娶曹氏，生四子：廷釗、廷燦、廷煌、廷臣。

士志四子，世裕，字稚充，生於萬曆乙亥六月初二日，卒於崇禎戊寅六月十三日。平湖縣庠生，鄉飲賓，娶金氏，生一子：廷銘。

士恩長子，世怵，字儁伯，號名漢，生於萬曆己卯二月初二日，卒於崇禎癸酉九月十六日，娶戴氏，生二子：廷經、廷級。

士恩次子，世勳，字元仲，號青虯，別號徐庵，生於萬曆辛巳五月二十日，卒於順治丁酉六月初七日，平湖縣庠生，天啟甲子科浙江舉人，娶趙氏、曹氏，生三子：廷綏、廷緵、廷綸，俱曹出。

士恩四子，世烈，字承武，生於萬曆辛卯七月初十日，卒於順治癸巳正月二十五日。娶夏氏、吳氏，生三子：廷炯，字文宣，娶宋氏，無子；廷緯，字煥如，娶俞氏、李氏，無子，俱不嗣；廷繹。

士懋長子，世仁，字心泉，生於萬曆丙子三月初五日，卒於順治癸巳十月十六日。娶毛氏，生三子：廷獻、廷錫、廷猷。

士懋次子，世祿，字永鄉，生於萬曆癸未八月初七日，卒於順治丁酉七月初二日。娶何氏〔註14〕，生一子：廷試。

士思長子，世英，字心宇，生於萬曆乙酉七月二十三日，卒於順治丁酉五月十六日。娶宋氏、黃氏，生二子：廷詔、廷嘏。

士驚子，世禮，字允嘉，生於萬曆丙午十一月二十四日，卒於順治辛丑八

〔註14〕原文小字注：享年八十有二。

月二十三日。娶沈氏，生一子：廷鑒。

士鯨長子，世稷，字文開，生於萬曆己丑八月二十六日，卒於崇禎己卯十二月三十日。平湖縣庠生，娶陸氏，無子，以世祜次子廷銓嗣。

士鯨次子，世祉，字仲錫，生於萬曆庚寅十一月初五日，卒於順治丁酉八月初一日。平湖縣庠生，娶宋氏，生三子：廷輝、廷琮、廷瓚〔註15〕。

士衡子，世祜，字爾維，生於萬曆甲辰九月三十日，卒於康熙乙巳九月二十六日。平湖縣庠生，娶項氏、馬氏，生四子：廷鏞；廷銓，嗣世稷；廷球，字東生，出家三井庵，釋號藍田；廷琦，字玉明，出家三井港庵，釋號超遇。

士彥四子，世淶，字海曙，生於萬曆丙戌十月二十二日，卒於康熙乙巳，享年八十，娶張氏，生一子：廷寶。

士彥五子，世源，字瀛海，生於萬曆辛丑八月十四日，卒於康熙己酉五月十七日。贅徐氏，生四子：廷達、廷遠、廷選、廷遇，俱依母族，居七寶鎮。

第十二世

世禴長子，廷鍾，字元聲，號少塘，生於萬曆甲申八月初一日，卒於順治乙未十月十九日。娶朱氏，生四子：弘道、弘桂、弘川、弘柏。

世禴次子，廷鏽，字三英，生於萬曆丁亥九月初五日，卒於順治庚寅四月二十四日。娶莫氏，生三子：弘晉、弘允、弘雅。

世禴三子，廷鈞，字百朋，生於萬曆庚子十月十七日，卒於順治丁酉五月初三日。娶馮氏，生四子：弘經、弘侖、弘崗、弘紀。

世祚長子，廷組，字素芝，生於萬曆丙申七月二十四日，卒於順治辛卯十二月二十九日。娶鮑氏、毛氏，生二子：瑞芬；干藻，字芹城，娶潘氏，生一子，夭，不嗣。

世祚次子，廷沛，字佩若，號興公，生於萬曆己亥二月二十八日，卒於順治壬辰五月初六日。嘉興府庠生，娶吳氏，生一子：元亮，字御嘉，娶張氏、馬氏，無子，不嗣。

世祚三子，廷深，字君正，生於萬曆壬寅，卒於天啟丁卯正月。娶王氏，生一子：瑞徵。

世禋長子，廷釗，字伯望，生於萬曆癸卯二月二十七日，卒於崇禎癸未六月。娶吳氏、張氏，生一子：弘謨。

世禋次子，廷燦，字駿彩，生於萬曆己酉八月二十日，卒於康熙丁卯四月

〔註15〕原文小字注：廷瓚，字晉裝，娶孫氏，無子，不嗣。

十六日。平湖縣庠生，娶張氏，生一子：瑞麟，夭，繼一子瑞璋，廷臣次子。

世禋三子，廷煌，字斐生，生於萬曆癸丑十一月十九日，卒於順治甲午十二月二十日。娶吳氏，生一子：弘鼎。

世禋四子，廷臣，字爾候，生於萬曆丙辰五月二十四日，卒於康熙丁巳三月十八日，娶曹氏，生二子：瑞龍；瑞璋，繼廷燦。

世裕子，廷銘，字未新，號鼎書，生於萬曆丁未五月初八日，卒於康熙戊午九月二十五日，平湖縣庠生，崇禎壬午科浙江副榜，鄉飲賓，娶陸氏、張氏、朱氏。

世烑長子，廷經，字君常，號可茹，生於萬曆甲辰，卒於崇禎戊辰，娶陸氏，生一子：弘嗣。

世烑次子，廷級，字素絲，生於萬曆戊申四月初六日，卒於康熙丁巳十二月二十日，娶王氏，生一子：弘璿，字允述，娶許氏，無子，不嗣。

世勳長子，廷綬，字君印，生於萬曆壬寅十二月初九日，卒於順治癸巳閏六月二十八日。娶錢氏，生二子：弘勇；弘泰，字彙徵，娶王氏、王氏〔註16〕，無子，不嗣。

世勳次子，廷紱，字方來，生於萬曆戊申十二月初九日，卒於康熙戊申四月初一日。平湖縣庠生，娶翁氏、俞氏，生一子：弘蒙。

世勳三子，廷綸，字陛宣，生於萬曆辛亥九月二十九日，卒於康熙壬戌三月十六日。平湖縣庠生，娶支氏，生一子：弘臨。

世烈子，廷繹，字以成，生於崇禎丙子十二月十五日，卒於康熙壬寅八月。娶蕭氏，生一子：弘宗，夭，不嗣。

世仁長子，廷獻，字伯修，生於萬曆庚子十二月初六日，卒於順治丙申正月十四日。平湖縣廩生，娶毛氏、宋氏，生三子：瑞驤；瑞璞，字鳴珂，娶殷氏、陸氏，生子廣卓，字子光，出家新倉法華庵；瑞琛。

世仁次子，廷錫，字九晉，生於萬曆戊申三月十八日，卒於康熙丁卯九月二十日。華亭縣庠生，享年八十，娶潘氏、沈氏，生二子：弘璐；弘遴，字玄〔註17〕聞，娶朱氏，生二子：英武，字方新，出家新倉法華庵；明武，早卒，不嗣。

世仁三子，廷猷，字爾宣，生於萬曆壬子閏十二月十七日，卒於康熙辛酉

〔註16〕按：此處不是重複輸入之誤，而是原文即作兩「王氏」，當為先後所娶皆王氏。
〔註17〕按：原文「玄」字缺末筆，避康熙諱。

九月二十四日。娶吳氏、袁氏，生二子：文友、文允。

世祿子，廷試，字以功，生於萬曆戊申四月十一日，卒於康熙癸丑四月十九日。平湖縣庠生，娶沈氏、朱氏，生三子：瑞樞；弘圖，字聖思，娶戈氏，無子，出家新倉法華庵，釋號頑石；弘起，字大來，娶宋氏，無子，亦出家，卒〔註18〕。

世英長子，廷詔，字臨旂，生於崇禎己卯五月二十六日，卒於康熙庚寅十月二十九日。平湖縣庠生，娶紀氏，生四子：弘照、弘勳、弘烝、弘基。

世英次子，廷暇，字公純，生於崇禎癸未正月初三日，娶盛氏，生三子：弘璧；弘鸞；弘琇，字叔祥，娶王氏，無子，不傳。

世禮子，廷鑒，字見明，生於崇禎己卯十二月二十二日。娶張氏，無子，不嗣。

世稷繼子，廷銓，字仲選，生於崇禎乙亥九月初二日，卒於康熙月日〔註19〕。娶金氏，生一子：弘澄。

世祉長子，廷輝，字玉聲，生於萬曆癸丑正月初九日，卒於崇禎丙子七月二十日。平湖縣庠生，娶張氏，無子，不嗣。

世祉次子，廷琮，字楚珩，生於順治癸巳月〔註20〕十四日，卒於康熙壬寅四月二十三日。娶馬氏，生一子：廷堞。

世祜長子，廷鏞，字聞遠，生於崇禎戊辰十二月十五日，卒於康熙辛未十月二十二日。娶馬氏，生二子：弘江、弘渚。

世淶子，廷寶，字敬海，一字華海，生於天啟甲子正月二十日，卒於順治戊戌正月初三日。娶陸氏，生一子：弘仁。

世源長子，廷達，字舜臣，生於天啟壬戌正月十三日，卒於康熙丙戌七月二十四日。娶李氏，生一子：弘栖。

世源次子，廷遠，字舜賢，生於天啟丁卯六月二十八日，卒於康熙辛未閏七月初二日。娶曹氏，無子，以胞弟廷選長子弘黼嗣。

世源三子，廷選，字舜卿，生於崇禎庚午十月初一日，卒於康熙癸亥四月十五日。娶徐氏，生二子：弘黼，嗣廷遠；弘炄。

世源四子，廷遇，字舜儀，生於崇禎丁丑七月初五日，卒於康熙〔註21〕。

〔註18〕按：此處沒點明「卒」之年月日，有點突兀，或多餘。

〔註19〕按：原文康熙後沒有「年」字，另「月」字前、「日」字前皆空白。

〔註20〕按：「月」字前有數字，但僅余末筆一橫，當為二或三。

〔註21〕按：原文康熙後沒有「年」「月」「日」字。

娶俞氏，生一子：弘廉。

第十三世

廷鍾長子，弘道，字會宇，生於萬曆庚戌四月二十九日，卒於康熙甲寅十一月初七日。娶唐氏，生二子：廣述、廣論。

廷鍾次子，弘桂，字方仲，行六，生於泰昌庚申七月初四日，卒於康熙丙申九月二十二日。娶紀氏，生二子：廣運、廣新。

廷鍾三子，弘川，字叔長，行八，生於天啟乙丑十月初十日，卒〔註22〕。娶馬氏，生二子：廣裕、廣德。

廷鍾四子，弘柏，字友松，行九，生於崇禎己巳十二月二十三日，卒於康熙戊子三月初四日。娶顧氏，生一子：廣斌。

廷鏞長子，弘晉，字峻雲，生於萬曆丁巳十二月初十日，卒於康熙戊申七月二十五日。娶陸氏、馬氏，生二子：廣盛、廣茂。

廷鏞次子，弘允，字顯芳，生於天啟乙丑四月初一日，卒於康熙丙辰七月十二日。娶沈氏，生一子：廣韜。

廷鏞三子，弘雅，字匡頤，生於崇禎壬申四月二十七日，卒於康熙乙亥八月二十六日，娶王氏，生三子：乘、采、秉。

廷鈞長子，弘經，字清渚，生於萬曆庚申十月初十日，卒於康熙癸酉四月二十六日，娶盛氏，生一子廣福。

廷鈞次子，廷侖，字襄渚，生於天啟丙寅二月十七日，卒於康熙。娶林氏，生二子：廣祚、廣祺。

廷鈞三子，廷崗，字友山，生於崇禎甲戌閏八月十八日，卒於康熙乙未正月十九日。娶顧氏，生一子廣陵。

廷鈞四子，弘紀，字友海，生於崇禎壬午正月三十日，卒於康熙辛卯十一月二十七日。娶范氏，生五子：廣明；廣旭；廣愈，未娶，卒；廣培，未娶，卒；廣生。

廷組子，瑞芬，字誕先，生於崇禎己巳九月二十日，卒於康熙辛未九月初一日。娶楊氏，生二子：森、林。

廷深子，瑞徵，字令遠，生於天啟壬戌十一月初十日，卒於康熙甲戌十二月初一日。娶曹氏、趙氏、林氏，生五子：廣皞、廣永、廣樞、培翰、廣棠。

〔註22〕按：此後為空白，未載「卒」之年月日。下文凡沒注「卒」之年月日之一，僅一「卒」字，則不再照錄。

廷釗子，弘謨，字步典，生於崇禎丙子十一月初七日，卒於順治庚子十一月初九日。娶陳氏，無子，以弘鼎次子廣頌嗣。

廷燦子，瑞麟，字曼麒，生於崇禎乙亥五月十四日，卒於康熙丙午八月二十日。平湖縣庠生，娶沈氏，無子，以弘鼎三子廣操嗣。

廷煌次子，弘鼎，字尹負，生於崇禎辛未十二月初十日，卒於康熙丙戌九月初一日。鄉飲賓，娶胡氏，生四子：廣譽；廣頌，嗣弘謨；廣操，嗣瑞麟；業〔註 23〕。

廷臣長子，瑞龍，字雲階，生於順治乙酉九月初四日，卒於康熙丙子十二月二十二日。娶吳氏、陸氏、曹氏，無子，以瑞璋長子樸嗣。

廷燦嗣子，瑞璋，字熊占，生於順治乙未十二月初十日，娶凌氏、張氏，生二子：樸，嗣瑞龍；樸。

廷臣三子，丕載，生於崇禎丁丑十一月，平湖縣庠生，入監，娶氏〔註 24〕，無子。

廷經子，弘嗣，字公裘，生於崇禎戊辰正月初六日，卒於康熙。娶徐氏，無子，以南汀支弘斌子廣旭為嗣。

廷綬長子，弘旉，字東藩，生於崇禎戊辰正月二十日，娶陸氏，生一子廣彥。

廷紱子，弘蒙，字繼方，生於順治辛卯十月初二日。娶徐氏，生三子：廣昇、廣晢、廣昱。

廷綸子，弘臨，字泰來，生於順治丁酉二月初十日，卒於康熙丙戌四月二十一日。娶陳氏，生一子廣竑。

廷繹子，弘宗，生於康熙丁巳二月十二日，無子。

廷獻長子，瑞騶，字友筠，生於崇禎癸酉八月二十九日，卒於康熙甲午九月初二日，享年八十有二。安吉州庠生，鄉飲賓，娶朱氏、唐氏，生一子嘉祉。

廷獻三子，瑞琛，字南藎，生於崇禎甲申六月初十日，卒於康熙庚寅六月初六日。娶張氏，生一子昭武。

廷錫長子，弘璐，字非湄，生於崇禎己巳九月初三日，卒於康熙。娶蕭氏，生一子自省。

廷猷長子，文友，字雲孫，號麟猘，生於崇禎丁丑十二月初九日，卒於康

〔註 23〕按：依前三子取名之法，此處當作「廣業」。

〔註 24〕按：原文「氏」字前空白，不詳其姓。下文凡同此者，不再照錄「娶氏」二字。

熙甲子七月二十日。婁縣庠生,娶劉氏、張氏,生三子:繩武,字靜吉,娶朱氏;纘武,字貽士,娶陸氏,俱無子,卒;廣益。

廷猷次子,文允,字孝求,生於順治辛卯十二月十五日,卒於康熙壬寅九月二十三日。平湖縣庠生,娶楊氏,生二子:綏武、斜武。

廷試長子,瑞樞,字天章,生於崇禎丁丑六月初九日,卒於康熙庚子十一月初三日。娶俞氏,生二子:大忠、屺。

廷詔長子,弘照,字東暘,生於順治戊戌四月初二日。娶紀氏,生二子:廣義、廣壽。

廷詔次子,弘勳,字西涯,生於順治庚子二月初五日。娶葉氏,生二子:廣新、廣信。

廷詔三子,弘烝,字南園,生於康熙甲辰六月十六日,卒於康熙癸未二月十六日。娶蘇氏,生二子:廣業、廣備。

廷詔四子,本立,字北山,生於康熙壬子六月二十六日,娶朱氏,生一子廣誠。

廷㪀長子,弘璧,字建候,生於康熙癸卯正月初二日,卒於壬寅〔註25〕四月十六日。娶王氏,生二子:廣烱、廣來。

廷㪀次子,弘鸞,字鶴濤,生於康熙丙辰八月二十一日,娶馬氏,生一子廣材,出家。

廷㪀三子,弘琇,字華玉,生於康熙辛酉七月初十日,卒於康熙戊戌二月。娶王氏。

廷銓子,弘澄,字轡文,生於康熙壬寅十二月二十日,卒於康熙壬申七月十七日。娶胡氏,生四子:廣枝、廣杭、廣樛、廣烋。

廷琮子,弘堞,字鶴林,生於康熙壬戌二月二十六日。娶陸氏,生一子培爵。

廷鏞長子,弘江,字樹楚,生於順治壬辰十月初五日。娶沈氏,生一子廣呆。

廷鏞次子,弘渚,字思濤,生於康熙癸卯八月十八日。娶楊氏,生二子:廣杜、廣棟。

廷寶子,弘仁,字心如,生於順治丙申七月初四日。娶周氏,生二子:廣昌、廣興。

〔註25〕按:前面沒寫年號,當為「康熙」。

廷達子，弘橶，字薪之，生於順治乙酉七月初一日，卒於康熙乙酉四月十三日。娶王氏，生三子：廣容、廣宸、廣棨。

廷遠嗣子，弘黲，字漢儒，生於康熙乙巳正月十九日，娶王氏，生一子廣寰。

廷選次子，弘烋，字漢玉，生於康熙丁未八月十一日，娶丁氏，生二子：廣寬、廣〔註26〕。

廷遇子，弘廉，字惟一，一字秉真，生於康熙甲寅十月初十日，娶周氏、岑氏，生二子：廣傅、廣裕。

第十四世

弘道長子，廣述，字君明，生於崇禎甲戌六月二十八日，卒於康熙丁酉。娶顧氏，生二子：光宗、耀宗。

弘道次子，廣論，字君信，生於崇禎丁丑十一月初七日，卒於康熙乙酉八月二十三日，娶楊氏，生一子國卿。

弘桂長子，廣運，字君敷，生於順治辛卯二月二十七日，卒於康熙癸未四月十五日，娶陶氏，生三子：光炎、光華、光裕。

弘桂次子，廣新，字君斐，生於順治庚子正月十五日，卒於康熙戊戌八月二十五日，娶胡氏、王氏，生二子：國箴，字茂斌，娶夏氏，無子；光親。

弘川長子，廣裕，字爾瑞，生於順治丙申二月二十六日，卒於康熙。娶沈氏、周氏，無子。

弘川次子，廣德，字爾祥，又字起芳，生於康熙丙午七月十六日，娶馬氏、張氏，無子。

弘柏子，廣斌，字憲章，生於康熙乙巳三月初七日，娶黃氏，生六子：光祥、光晉、光愛、光慶、光龍、光旭。

弘晉長子，廣盛，字漢臣，生於崇禎己卯九月初五日，卒於康熙甲戌九月初一日，娶蔣氏，生三子：光宸；光辰，嗣廣韜；光被。

弘晉次子，廣茂，字御卿，生於順治庚子十二月十一日，娶錢氏、馬氏，生四子：繼愛，嗣業；光承；光耀；光普。

弘允子，廣韜，字御宣，生於順治壬辰八月十四日，卒於康熙己巳六月二十四日。娶張氏，生四子：光輪，字景會，娶凌氏；光昊，字旻文，娶朱氏；

〔註26〕按：原文「廣」後空白，當脫字。驗之後文十四世，亦名、字及生卒年皆不詳，亦作空白處理。

光陽，字凝祉，娶張氏；光昭，字祖培，娶奚氏。俱夭，無子，以廣盛次子光辰嗣。

弘雅長子，乘，字鶴延，生於順治丙申八月初五日，卒於康熙甲午十二月十一日，娶阮氏，生一子揚珍。

弘雅次子，采，字鶴含，生於康熙丙午九月十六日，平湖縣庠生，娶張氏、張氏〔註27〕、李氏，生二子：煦、烈。

弘雅三子，秉，字鶴林，生於康熙乙卯十月初十日，娶金氏，生一子燾。

弘經子，廣福，字寧伯，生於順治丙戌二月二十三日，卒於康熙。娶周氏，生一子光瓚。

弘侖長子，廣祚，字際昌，生於順治丙戌九月初三日。

弘侖次子，廣祺，字其生，生於順治己丑八月初一日，娶徐氏。

弘崗子，廣陵，字俊生，生於順治丙申六月二十三日，卒於雍正癸卯八月初八日。娶張氏、謝氏，生一子啟昆。

弘紀長子，廣明，字俊卿，生於康熙辛亥五月二十一日，卒於癸巳〔註28〕七月十八日。娶查氏，生一子光楚。

弘紀次子，廣旭，字迎生，生於康熙癸丑十一月十一日，卒於辛丑〔註29〕正月初五日。娶朱氏，生一子光辰。

弘紀四子，廣培，字賓來，生於康熙庚申。

弘紀五子，廣生，字大生，生於康熙丙寅。

瑞芬長子，森，字咫千，生於順治庚子十一月二十三日，卒於康熙壬午三月二十七日。平湖縣庠生，娶葛氏，生二子：炯，字朗文，早卒；焞。

瑞芬次子，林，字蒼岩，生於康熙己酉八月十九日，平湖縣例監生，娶張氏、張氏，生三子：燦、炳、煒。

瑞徵長子，廣皞，字浩如，生於順治戊子九月二十九日，娶陸氏，生三子：光成、光藝、光韶。

瑞徵次子，廣永，字逸庵，生於順治甲午九月十二日，卒於康熙己丑五月初二日，娶趙氏，生一子光夏。

瑞徵三子，廣樞，字紫輔，一字維周，生於康熙己酉三月十三日，娶朱氏，

〔註27〕 按：原文作兩「張氏」，即娶了兩位張氏，非此處粗心而致衍文。
〔註28〕 按：干支前面沒年號。
〔註29〕 按：干支前面沒年號。

生一子光臨。

瑞徵四子，培翰，字羽豐，生於康熙壬子七月初九日，婁縣學庠生，娶金氏，生一子鍾善。

瑞徵五子，廣棠，字甘伯，生於康熙庚申七月初二日，娶程氏，生四子：前、仝、全、企。

弘謨嗣子，廣頌，字工揚，生於順治癸巳十一月，卒於雍正甲辰九月十一日。鄉飲賓，平湖林令有「評重鄉閭」之襃，娶劉氏、錢氏，生二子：方揆、方撰。

瑞麟嗣子，廣操，字則存，生於順治丙申八月三十日，娶管氏，生二子：顯宗、繼灼。

弘鼎長子，廣譽，字令聞，生於順治辛卯三月十六日，卒於康熙辛丑九月十七日。娶朱氏、戚氏，生三子：卣、卓、曾。

弘鼎四子，業，字廣庵，生於順治己亥十二月十八日，平湖縣庠生，娶沈氏，生三子：順、畏、欽，繼一子繼愛。

瑞龍嗣子，樸，字寧周，生於康熙甲戌三月二十九日，娶朱氏，生二子：光煜、光照。

瑞璋次子，楳，字元吉，生於康熙戊寅四月十一日，娶張氏。

弘嗣嗣子，廣昶，字長發，生於康熙乙卯九月初十日。

弘勇子，廣彥，字聖美，生於順治丁酉十月初三日，娶李氏，生一子光寶。

弘蒙長子，廣昇，字高旭，生於康熙辛酉十二月初六日，娶顧氏，生三子：光輔、光翼、光贊。

弘蒙次子，廣晳，字又點，生於康熙戊寅三月十二日，娶金氏，生一子光垣。

弘蒙三子，廣昱，字子園，生於康熙戊寅十一月十七日〔註30〕，娶胡氏，生一子光審。

弘臨子，廣竑，字漢美，生於康熙癸亥正月初五日，卒於辛丑閏六月二十四日，娶蔣氏，生三子：鍾雄；鍾蛟；鍾祥，住新帶鎮東柵北首。

〔註30〕按：由前文「第十三世」所載「廷緻子，弘蒙，字繼方，生於順治辛卯十月初二日。娶徐氏，生三子：廣昇、廣晳、廣昱。」知廣晳、廣昱，同為徐氏所出，故此處「十一月十七日」與「三月十二日」二生日間隔僅八個月有餘，不符合生育規律，必有誤記之處。

瑞驤子，嘉祉，字啟周，生於康熙己酉三月初三日，平湖縣例監生，娶成氏、趙氏，生子〔註31〕。

瑞琳長子，昭武，字介威，生於康熙丙午二月十三日，卒於雍正癸卯六月初八日，娶孫氏，生五子：光仁、光義、光禮、光智、光信。

文友子，廣益，字九齡，生於康熙壬戌九月初六日，卒於癸卯〔註32〕二月二十四日，娶王氏，生一子魯承。

弘璐子，自省，字日會，生於康熙壬子閏七月初三日。娶鄭氏，生一子光祖。

文允長子，綏武，字亢宗，生於康熙戊午十一月初一日，娶李氏，生二子：光眉、光疆。

文允次子，緝武，字孔昭，一字思序，生於康熙己巳十一月二十二日，卒於雍正癸卯八月初四日，娶張氏，生一子光壽。

瑞樞長子，大忠，字念誠，又字思夒，生於順治戊戌九月二十八日。娶干氏，生一子光珍。

瑞樞次子，屺，字念瑋，又字節文，生於康熙丁丑正月十一日。

弘照長子，廣義，字冠陶，生於康熙己巳五月十六日，娶張氏，生二子：光芬、光芳。

弘照次子，廣壽，字墨林，生於康熙乙亥五月十二日，娶阮氏。

弘勳長子，廣新，字允誠，生於康熙丙寅三月初六日，娶陸氏，生二子：國咸、光親。

弘勳次子，廣信，字悅萬，生於康熙丙子二月二十七日，娶徐氏，生一子光珠。

弘烝子，廣業，字坤英，生於康熙壬申七月十二日。

弘璧子，廣炯，生於康熙壬戌九月十一日。

弘澄長子，廣枝，字茂芳，生於康熙乙丑九月十八日。

弘澄次子，廣杭，字若帆，生於康熙丁卯八月初八日。

弘澄三子，廣繆，字蔓山，生於康熙庚午七月十七日。

弘澄四子，廣傑，字雲臺，生於康熙癸酉九月十四日。

〔註31〕按：「子」前數詞空白，「子」後人名亦空白。凡後文同此者，不再照錄「生子」二字。

〔註32〕按：干支前無年號。

　　弘堞子，培爵，字佳祿，生於雍正甲辰正月十二日。

　　弘江子，廣杲，字玉書，生於康熙丙寅正月十五日。娶黃氏，生二子：光炳、光焱。

　　弘渚長子，廣杜，生於康熙辛未二月初五日。

　　弘渚次子，廣棟，生於康熙庚午九月二十七日。

　　弘仁長子，廣昌，生於康熙戊午二月二十七日。

　　弘仁次子，廣興，生於康熙丁卯六月初十日。

　　弘櫃長子，廣容，字宇頌，生於康熙乙卯四月十五日，卒於乙酉〔註33〕九月初六日。娶徐氏，生一子光琮。

　　弘櫃次子，廣宸，字瞻山，生於康熙丁巳十一月初八日，娶楊氏。

　　弘櫃三子，廣棻，字甸南，又字漁山，生於康熙丁卯正月二十七日。

　　弘黯長子，廣寶，生於康熙庚午六月十二日，娶王氏，生一子〔註34〕。

　　弘烑長子，廣寬，生於康熙辛未四月二十日。

　　弘烑次子，廣〔註35〕，生於康熙。

　　弘廉長子，廣傅，生於康熙。

　　弘廉次子，廣裕，生於康熙。

　　弘烝次子，廣備，字坤雄，生於康熙甲戌。

　　弘烝三子，廣瑩，字坤玉，生於康熙丙子二月。

　　本立子，廣誠，生於康熙己丑三月十三日。

　　弘璧次子，廣來，生於康熙丙子七月十四日。

第十五世

　　廣述長子，光宗，字方祿，生於順治戊戌七月初十日，卒於康熙甲午八月。娶蔣氏，生一子：貴相。

　　廣述次子，耀宗，字茂生，生於順治辛丑十一月二十三日，卒於康熙丙申二月，娶唐氏，生一子永生。

　　廣論子，國卿，字近宸，生於康熙丙辰二月初十日，娶紀氏，生一子大〔註36〕祿。

〔註33〕按：干支前無年號。

〔註34〕按：「子」後人名空白。

〔註35〕按：「廣」後空白，當脫字。

〔註36〕按：「大」為第十六世的行輩名，見姚弘圖撰《姚氏世譜序》末尾附載：憶昔康熙癸酉中秋前一日，余侍先大人與封翁匏園伯於後樂臺商酌匯輯族譜遺稿，

廣運次子，光華，字茂方，生於康熙癸丑九月十五日，娶朱氏，生三子：貴在、耀忠、成忠。

廣運三子，光裕，字子文，生於康熙庚申閏八月二十六日，娶沈氏，生一子大秉。

廣新次子，光親，字風培，生於康熙丙辰九月初一日，娶胡氏，生一子：大〔註37〕。

廣昌嗣子，光祥，字壽祺，生於康熙丙寅七月二十一日，娶李氏。

廣斌次子，光晉，字祺玉，生於康熙己巳正月初五日，娶戈氏，生一子。

廣斌三子，光愛，生於康熙甲戌二月初九日。娶曹氏。

廣斌四子，光慶，生於康熙丁丑十月二十八日，娶沈氏。

廣斌五子，光龍，生於康熙庚辰月〔註38〕十六日，娶謝氏。

廣斌六子，光旭，生於康熙乙酉十二月二十八日，娶盛氏。

廣盛長子，光宸，字觀顏，生於康熙己酉五月二十八日，娶朱氏，繼光被長子大德。

廣盛三子，光被，字書平，生於康熙丁巳十二月二十三日，卒於庚子二月日，娶朱氏，生二子：大德，繼光宸；大源。

廣韜嗣子，光辰，字蒼山，生於康熙己卯三月十六日，娶王氏、張氏，生三子：大文、大業、大成。

廣茂長子，光承，字雨亭，生於康熙己巳九月十二日，娶馬氏、沈氏，生三子：大章、大亨、大忠。

廣茂次子，光耀，字哲亭，生於康熙癸酉正月十六日，娶張氏、張氏。

廣茂四子，光普，字灝亭，生於康熙丁丑八月初二日，娶黃氏，生二子：大疆、大傑。

乘子，揚珍，字韞亭，生於康熙癸亥五月二十八日，娶王氏，生二子：均、坤。

采長子，煦，字融合，生於康熙乙酉八月初二日。

采次子，烈，字策猷，生於康熙己丑五月二十二日。

並慮後世字葦錯亂、序次難查，從十五世以後，共擬一十六字云：「光大前業，垂裕後昆，積善餘慶，百葉長新」以名其首，下字則各自酌取。庶族繁派遠，不至前後淆淆，是以附諸序末，祈世世相傳，勿諼云爾。

〔註37〕按：「大」後空白，疑脫字。

〔註38〕按：月字前空白。

秉子，熹，字秩亭，生於康熙乙酉十二月初四日，娶馬氏。

廣福子，光瓚，字維則，生於康熙壬戌十月十五日，娶朱氏，生一子大斌。

廣陵子，啟昆，字麓萍，生於康熙己巳正月二十七日，卒於丙申〔註39〕二月十一日，娶朱氏，無子，大仁嗣。

廣明子，光楚，生於康熙戊寅正月十八日。

廣旭子，光辰，生於康熙甲申十二月二十七日。

森次子，焞，字策文，生於康熙辛巳二月初六日，娶張氏，生一子大基。

林長子，燦，字淳齋，生於康熙辛巳九月初七日，娶陸氏。

林次子，炳，字奕文，生於康熙甲申十月初七日，娶楊氏。

林三子，煒，生於康熙辛丑閏六月十二日。

廣皞長子，光成，字楚芳，生於康熙丁巳五月十四日，娶張氏，生三子：大生、大道、大有。

廣皞次子，光藝，字公遜，生於康熙己未六月二十二日，娶黃氏，無子。

廣皞三子，光韶，字球音，生於康熙甲子八月十二日，卒於甲申四月〔註40〕，娶陸氏，生一子大受。

廣永子，光夏，字漢威，生於康熙庚午十月初十日，娶陳氏、趙氏，生二子：大任、大榮。

廣樞子，光臨，字莊敬，生於康熙甲戌五月二十三日，娶葉氏，生一子大彪。

培翰子，鍾善，字宜昌，生於康熙戊寅正月二十四日，娶楊氏。

廣頌長子，方掞，字藻渠，生於康熙乙卯九月十六日，嘉興府庠生，娶張氏、儲氏。

廣頌次子，方撰，字雩春，生於康熙丁丑二月二十一日，平湖縣庠生，娶朱氏，生一子正始。

廣操長子，顯宗，字豐玉，生於康熙甲子九月初十日，平湖縣庠生，娶陳氏，生三子。

廣操次子，繼灼，字德勤，生於康熙戊辰十二月十五日，平湖縣例監生，娶畢氏，生三子：球、珍、珠。

廣譽長子，卣，字旬九，生於康熙丁卯正月二十六日，娶沈氏，生二子：

〔註39〕按：干支前無年號。

〔註40〕按：干支前無年號。

正名、正位。

廣譽次子，卓，字南文，生於康熙庚子二月初四日，平湖縣庠生，娶陶氏，生一子正國。

廣譽四子，光曾〔註41〕，字學乾，生於康熙乙亥七月初十日，娶魏氏、金氏。

業繼子，繼愛，字藻亭，生於康熙乙丑八月初七日，平湖縣例監生，娶胡氏，生四子：懷祖、思祖、耀祖、承祖。

業長子，順，字天存，生於康熙乙未六月初七日，平湖縣例監生。

業次子，畏，字天保，生於康熙乙未十月二十四日。

業三子，欽，字天監，生於康熙辛丑正月十九日。

廣彥子，光寶，字惟善，生於康熙戊子二月十一日。

廣竑長子，鍾雄，字景山，生於康熙壬午十一月初一日，娶趙氏。

廣竑次子，鍾蛟，字騰高，生於康熙丁亥十二月初四日。

廣竑三子，鍾祥，字瑞岩，生於康熙庚子七月十八日。

昭武長子，光仁，字元芳，生於康熙。

昭武次子，光義，字仲葵，生於康熙癸酉九月二十四日，卒於雍正癸卯六月初十日，娶趙氏，生一子大節。

昭武三子，光禮，字仲生，生於康熙丁丑閏三月十一日。

昭武四子，光智，字慧徵，生於康熙己卯十一月十四日。

昭武五子，光信，字成子，生於康熙丙子五月十三日。

緯武子，魯承，字聖佑，生於康熙丙戌二月十三日。

自省子，光祖，字雅亭，生於康熙甲申三月初四日。

綏武長子，光眉，生於康熙甲午七月初十日。

綏武次子，光疆，生於康熙丙申十一月初四日。

〔註41〕按：據前文「第十四世」廣譽條載：「弘鼎長子，廣譽，字令聞，生於順治辛卯三月十六日，卒於康熙辛丑九月十七日。娶朱氏、戚氏，生三子：卣、卓、曾。」此處誤記，應為廣譽三子，「光」為第十五世行字。見姚弘圖撰《姚氏世譜序》末尾附載：「憶昔康熙癸酉中秋前一日，余侍先大人與封翁皰園伯於後樂臺商酌匯輯族譜遺稿，並慮後世字輩錯亂、序次難查，從十五世以後，共擬一十六字云：『光大前業，垂裕後昆，積善餘慶，百葉長新』以名其首，下字則各自酌取。庶族繁派遠，不至前後淆淆，是以附諸序末，祈世世相傳，勿諼云爾。」

斜武〔註42〕子，光壽，生於康熙庚子十月二十一日。

大忠子，光珍，字元紳，生於康熙庚辰六月十一日。

廣義長子，光芬，生於康熙戊戌七月十九日。

廣義次子，光芳，生於雍正癸卯六月初六日。

廣新長子，國咸，字茂斌，生於康熙癸巳三月十三日，娶夏氏。

廣新次子，光親，字國重，生於康熙丙申閏三月十二日。

廣信子，光珠，字照乘，生於〔註43〕。

廣杲長子，光炳，生於康熙戊戌十月二十九日。

廣杲次子，光焱，生於雍正癸卯三月十五日。

廣運長子，光炎，字南平。

廣枝長子，光齡，字九之。

廣枝次子，光旭，字東升。

廣棠長子，光前，生於康熙甲申五月初五日。

廣棠次子，光全，生於康熙戊子正月十六日。

廣棠三子，光全，生於康熙甲午九月初四日。

廣棠四子，光企，生於康熙壬寅二月初三日。

樸長子，光煜，生於康熙庚子九月二十日。

樸次子，光照，生於雍正甲辰三月初六日。

廣昇長子，光輔。

廣昇次子，光翼。

廣昇三子，光贊。

廣晢子，光斗〔註44〕。

廣昱子，光泮〔註45〕。

廣容子，光琮，字孝思，生於康熙甲申九月初五日。

〔註42〕按：前文「第十四世」載：「文允次子，緝武，字孔昭，一字思序，生於康熙
己巳十一月二十二日，卒於雍正癸卯八月初四日，娶張氏，生一子光壽。」緝
武、斜武，當有一誤。

〔註43〕按：後面年號干支月日皆空白。後文凡同此者，不再照錄「生於」二字。

〔註44〕按：前文載「弘蒙次子，廣晢，字又點，生於康熙戊寅三月十二日，娶金氏，
生一子光垣。」廣晢僅一子，卻前後光垣、光斗兩說，當有一誤。

〔註45〕按：前文載「弘蒙三子，廣昱，字子園，生於康熙戊寅十一月十七日，娶胡氏，
生一子光籓。」廣昱僅一子，卻前後光籓、光泮兩說，當有一誤。

第十六世

　　光宗子，貴相，字永成，生於康熙戊辰十二月初四日。

　　耀宗子，永生，生於康熙。

　　國卿子，大祿。

　　光華長子，貴在。

　　光華次子，耀忠。

　　光華三子，成忠。

　　光裕子，大秉。

　　光晉子，大〔註46〕。

　　光宸繼子，大德。

　　光被子，大源。

　　光辰長子，大文。

　　光辰次子，大業。

　　光辰三子，大成。

　　光承長子，大章。

　　光承次子，大亨。

　　光承三子，大忠。

　　光普長子，大疆。

　　光普次子，大傑。

　　揚珍長子，均。

　　揚珍次子，坤。

　　光瓚子，大斌，字德培，生於康熙辛巳三月初八日，娶張氏，生一子前源。

　　啟昆繼子，大仁，生於康熙戊戌十一月二十一日。

　　焯之子，大基，生於康熙壬寅四月二十七日。

　　光成長子，大生，字志昂，生於康熙甲戌八月初四日，娶何氏，生二子：前師、前瑞。

　　光成次子，大道，生於康熙庚辰正月二十五日。

　　光成三子，大有，生於康熙辛卯二月初三日。

〔註46〕按：「大」後脫字，前文「廣斌次子，光晉，字祺玉，生於康熙己巳正月初五日，娶戈氏，生一子。」亦未載其名。

光韶子，大受，生於康熙甲申二月初二日。

光夏長子，大任，字南屏，生於康熙丁酉十二月二十八日。

光夏次子，大榮，字翰臣，生於康熙庚子六月十九日。

光臨子，大彪，字虎臣，生於康熙辛卯二月初九日。

方撰子，正始，生於康熙壬寅九月初二日。

顯宗長子，大〔註47〕，生於康熙癸巳十月二十四日。

顯宗次子，大〔註48〕，生於康熙庚子八月二十日。

顯宗三子，大〔註49〕，生於雍正甲辰七月二十八日。

繼灼長子，球，生於康熙乙未三月初二日。

繼灼次子，珍，生於康熙丁酉十一月十五日。

繼灼三子，珠，生於康熙壬寅十一月初六日。

卣長子，正名，字賓實，生於康熙庚寅九月十七日。

卣次子，正位，字中立，生於康熙癸巳又〔註50〕五月二十五日。

卓之子，正國，生於雍正癸卯六月初四日。

繼愛長子，懷祖，字維寧，生於康熙丙申二月十二日，娶錢氏。

繼愛次子，思祖，生於康熙辛卯七月二十三日。

繼愛三子，耀祖，生於康熙戊戌二月二十四日。

繼愛四子，承祖，生於雍正癸卯三月初九日。

光義子，大節。

第十七世

大斌子，前原〔註51〕，生於康熙戊戌十一月初八日。

大生長子，前師。

大生次子，前瑞。

〔註47〕「大」後空白，按前文所載「顯宗，字豐玉，生於康熙甲子九月初十日，平湖縣庠生，娶陳氏，生三子。」亦不詳三子名字。

〔註48〕「大」後空白，按前文所載「顯宗，字豐玉，生於康熙甲子九月初十日，平湖縣庠生，娶陳氏，生三子。」亦不詳三子名字。

〔註49〕按：「大」後空白，按前文所載「顯宗，字豐玉，生於康熙甲子九月初十日，平湖縣庠生，娶陳氏，生三子。」亦不詳三子名字。

〔註50〕按：「又」字疑衍，雖然意思無誤，但與前文著錄格式明顯不一。

〔註51〕按：前文載「光瓚子，大斌，字德培，生於康熙辛巳三月初八日，娶張氏，生一子前源。」前源、前原，二說當有一誤。

《姚氏世譜》第二卷（怡清公支）

長房東橋公後怡清公世系

第六世起，五世以前見卷首

第一世

南山公，秀一，合族世祖。

第二世

樸軒公，思敬，南山公子單傳。

第三世

東橋公，宗顯，樸軒公長子，為長房之祖。

第四世

北湖公，琛，東橋公子單傳。

第五世

耕隱公，奇，北湖公子，公生三子，次為怡清公珪，是卷所係珪之後也。

第六世

奇次子，珪，號怡清，生卒年月無考，恩賜散官，娶馬氏，生五子：雲，字天祥，娶夏氏，生一子啟，夭，不嗣；霓；雷；電；震，字天怒，生一子喻，夭，不嗣。

第七世

珪次子，霓，字天瑞，號竹亭，生卒年月無考，掾吏，娶曹氏，生四子：哲；高，號懷竹，娶朱氏，生一子體星，夭；言，娶李氏，不傳；詹，字碧峰，生一子體儀，夭。

珪三子，雷，字天威，號松亭，生卒年月無考，掾吏，娶陸氏，生四子：唐；商，字質卿，娶陸氏，生二子，長思稷，生子士進，次子秋魁，生子上達，俱無子，不嗣；周；暸，生子思恩，夭。

珪四子，電，字天悅，號梅亭，生於成化戊戌八月十六日，卒於嘉靖己未十二月二十日，壽八十三，恩賜義官，娶徐氏、金氏、楊氏，生四子：谷、尚、炯、謨。

第八世

霓長子，哲，字〔註52〕，生卒年月無考，娶王氏，生三子：思科，生子士

〔註52〕按：當有字，「字」被墨黑。

榮，娶氏生三子，懋禮、懋義、懋智，俱夭，不傳；思種，字近松，娶張氏，無子，不嗣；思萃。

雷長子，唐，字界卿，號緝松，生卒年月無考，娶曹氏，生三子：思程；思稿；思忠，生四子，士亮，士行，士用，士世，俱不傳。

雷三子，周，字文卿，生卒年月無考，娶丁氏，生二子：思穗，無子，不嗣；思述。

電長子，谷，字鄰崖，生於嘉靖甲申四月十二日，卒於萬曆壬辰五月十九日，娶陳氏、魏氏、金氏、謝氏，生五子：體伸；體偉；體傳，字洪如，娶楊氏，無子，不嗣；體侃；體偲。

電次子，尚，字華峰，生於嘉靖丙戌九月二十七日，卒於萬曆丁丑九月初五日，娶趙氏、謝氏，生五子：體俌，字敬所，娶姜；體秀，字西河，娶黎氏，俱無子不嗣；體喬；體位；體份。

電三子，炯，號望梅，生於嘉靖庚寅二月，卒於萬曆辛亥二月，年八十有二，娶何氏、張氏，生三子，體佐；體佳；體〔註53〕娶氏，無子不嗣。

電四子，謨，字卿〔註54〕，號少梅，生於嘉靖辛卯十月二十三日，卒於萬曆庚子三月初八日，娶沈氏，生三子：體和、體稔、體圌。

第九世

哲子，思萃，行三，生卒年月無考，生一子士顯。

唐長子，思程，字繼賢，號左川，生卒年月無考，娶史氏，生四子：士弘；士傑，生子懋才，夭，不嗣；士豪；士毅，字和春，俱不嗣。

唐次子，思稿，字，號愛松，生卒年月無考，娶張氏，生二子：士光；士耀，娶蔣氏，無子，不嗣。

周子，思述，一作植，字汝椿，生卒年月無考，娶朱氏，生一子士通。

谷長子，體伸，字彬如，生於隆慶戊辰四月十五日，卒於順治丁亥二月二十日，享年八十，娶朱氏，生三子：士貞、士瀛、士問。

谷次子，體偉，字心崖，生於隆慶壬申正月初六日，卒於順治丙申六月十六日，享年八十有五，禮部儒士，鄉飲賓，娶楊氏，生三子：士泓、士瀚、士淇。

谷四子，體侃，字正所，生於萬曆壬午十月十二日，卒於順治乙酉六月初

〔註53〕「體」後及「氏」前，字跡模糊，無法辨認。
〔註54〕「卿」前之字墨黑。

四日，娶張氏，生二子：士澄、士淑。

谷五子，體偲，字純如，行六，生於萬曆戊子十二月十一日，卒於康熙丁未月日，享年八十，娶岳氏、張氏，生二子：士淳、士博。

尚三子，體喬，字季華，生卒年月無考，娶周氏，生三子：士貴，字心源，娶楊氏，無子，不嗣；士奎；士元。

尚四子，體位，字抑宇，生於嘉靖戊午十一月二十七日，卒於順治乙酉三月十三日，享年八十有八，禮部儒士，娶章氏，生三子：士愷，字友元，娶王氏；士怡，字仲和，娶吳氏，俱無子，不嗣；士愭。

尚五子，體份，字明岩，生於萬曆癸酉，娶顧氏，生五子：士瑚，字公夏，娶朱氏，無子，世補祀；士璉，娶謝氏，生一子，夭；士珩、士瑞，俱不傳；士理。

炯長子，體佐，字玉宇，生於嘉靖己未，卒於萬曆丙申，嘉興府庠生，娶馬氏，享年八十，生一子士學。炯次子，體佳，字汝交，號慎宇，生於萬曆癸酉四月二十二日，卒於崇禎辛巳九月十八日，娶王氏〔註55〕、金氏，生七子：士相，字邦輔，娶潘氏，無子，不嗣；士祚；士林；士深，字君遂，娶陸氏，生一子世晉，字介甫，不嗣；士恬；士梁；士懷。

謨長子，體和，字汝節，號育和，又字宇臺，生於嘉靖戊申，嘉興府庠生，娶屠氏，生一子士斌。

謨次子，體稔，字汝登，生於嘉靖己未，卒於崇禎戊寅，享年八十，娶袁氏，無子，不嗣。

謨三子，體閭，字汝厚，號宇中，生於嘉靖庚申十二月十三日，卒於萬曆庚申六月二十五日，娶張氏，生一子士惺。

第十世

思萃子，士顯，號懷竹，生卒年月無考，娶朱氏，生三子：世懋，字省懷，娶丘氏，生子廷畯，無子；世忠，字順懷，娶潘氏，生子廷驥，無子，俱不嗣；世慧。

思程長子，士弘，字武春，生卒年月無考，生一子懋悌。

思稲長子，士光，生卒年月無考，娶沈氏，生二子〔註56〕。

思述子，士通，字，生卒年月無考，娶張氏，生四子，士謙；世敬；世信；

〔註55〕原文小字注：享年九十。
〔註56〕二子名字俱墨黑。

世儒，字惟敬，娶莊氏，無子，不嗣。

體伸長子，士貞，字邦寧，生於萬曆庚寅二月二十六日，卒於康熙壬寅六月十一日，娶黃氏、宋氏，生二子：世旭、世鵬。

體伸次子，世瀛，字默仙，生於萬曆丁未四月初六日，卒於崇禎甲戌五月十七日，松江府庠生，娶朱氏，苦節未旌，生二子：世昭、世曦。

體伸三子，士問，字德徵，生於萬曆辛亥十月十九日，卒於康熙丙寅二月十七日，平湖縣庠生，鄉飲賓，娶楊氏、周氏，生三子：世齊；世袞，字秀臣，不娶，卒；世雍。

體偉長子，士泓，字秋水，生於萬曆丁酉七月十一日，卒於康熙癸丑正月十四日，華亭縣學貢生，娶張氏，生九子：世明；世曉；世期；世朗；世朋；世牲；士瑚；世安，無子；世定，無子。

體偉次子，士瀚，字北海，生於萬曆癸卯二月初九日，卒於康熙乙巳十一月初七日，平湖縣例監生，娶呂氏、施氏，生六子：世旦；世煜；世瑨；世瑗，字子珍，娶楊氏，無子；世瓘，字繼明，號子賢，娶顧氏，生一子，不傳；世璋。

體偉三子，士淇，字雪臣，生於萬曆丁未正月十七日，卒於康熙壬寅正月十五日，松江府庠生，娶王氏，生六子：世胤；世徹，嗣廷簡；世瓏；世瑜；世育；世倩。

體侃長子，士澄，字佩清，生於萬曆甲辰十二月十一日，卒於順治庚寅十二月初一日，娶陸氏，生一子世韶。

體侃次子，士淑，字仲美，生於萬曆丁未八月二十九日，卒於崇禎壬午三月二十日，娶劉氏，生一子世泉。

體偲長子，士淳，字子厚，生於萬曆庚戌六月二十六日，卒於順治丁亥十月初十日，娶陸氏、陸氏、何氏，生二子：世楨、世絨。

體偲次子，士博，字子約，生於萬曆甲寅正月初六日，卒於康熙丁巳十二月二十六日，平湖縣庠生，娶張氏，生二子：世敘、世敉。

體喬次子，士奎，字心田，生於萬曆戊戌十二月二十四日，娶陳氏，生四子：世泰，字伯華；世平，字伯仁，又字雲生；世瓏，字伯良，又字子耘，俱不娶；世粦，字方崖，娶周氏，無子，不嗣。

體喬三子，士元，字敬宇，生於萬曆辛丑，卒於順治辛丑十月。娶胡氏，生二子：世增；世瑎，字允知，無子，不嗣。

體位子，士愷，字仲華，行八，生於萬曆己酉七月二十八日，娶胡氏，生一子：世鼎，出家平湖德藏寺西隱房，釋號慧誠。

體份子，士理，生卒年月無考，娶宋氏，生二子：世補；世實，字叔修，夭，不嗣。

體佐子，士學，字邦敏，號懷玉，生於萬曆辛卯六月十三日，卒於崇禎戊寅四月二十七日，娶張氏，生四子：世廉；世開，字仲柳，娶俞氏，生一子，出家，夭；世本；世閎，字陸穎，娶陸氏，無子，卒。

體佳次子，士祚，字君翼，生於萬曆癸卯九月初九日，卒於康熙，娶朱氏、項氏、沈氏，生一子世觀。

體佳三子，士林，字中翹，生於萬曆丙午正月二十三日，卒於康熙癸丑六月二十三日，娶張氏、陸氏，生三子：世節、世孚、世萃。

體佳五子，士恬，字淡生，生於萬曆丁未十二月二十日，卒於康熙癸丑七月初三日，平湖縣庠生，娶吳氏、周氏、郭氏，生四子：世豐；世賁，字文止，娶戈氏，無子；晚；世益。

體佳六子，士梁，字君桂，生於萬曆壬子十二月十九日，卒於康熙，娶張氏，生二子：世咸、世怡。

體佳七子，士懷，字德甫，生於萬曆甲寅，娶毛氏，生一子世煥。

體和子，士斌，字一三，生於萬曆丁巳七月二十日，卒於崇禎丁丑六月初十日，娶屠氏，生六子：世述；世清，字夷聖，娶黃氏，生二子，廷膺，字御李，出家。廷隆，字則友，出家大師庵，釋號宗碩；世法；世汭；世澈，字大瑩，娶張氏，無子；世深。

體闓子，士惺，字以昭，一字專愚，又字愚若，生於萬曆癸丑正月初一日，卒於康熙庚戌十月十一日，嘉興府庠生，娶張氏、楊氏，生三子：世隆；世繩；世德，字心筠，娶曹氏，無子，卒。

第十一世

士顯子，世慧，字少懷，行三，生卒年月無考，娶莊氏，生二子：廷曠；廷聯，字仲楨，出家鄧尉金粟，釋名普心，號梅石，又號無山，康熙戊子歸，卒。

士弘子，懋悌，生三子：廷訓、廷諭、廷議。

士光長子。

士光次子。

士通長子，世謙，字惟華，生於萬曆壬辰，卒於康熙乙巳十一月，娶徐氏，生二子：廷連、廷琇。

士通次子，世敬，字惟榮，娶宋氏，生三子：廷順、廷彩、廷用。

士通三子，世信，字惟德，娶葛氏，生二子。

士貞長子，世旭，字初升，生於萬曆辛亥十月十九日，卒於順治己亥五月初六日，娶潘氏，生二子：廷詩、廷禮。

士貞次子，世鵬，字萬里，生於天啟甲子九月初七日，卒於康熙丁巳四月二十三日，娶周氏，生五子：廷溫；廷良；廷恭；廷儉，出家衙前東寺，釋名界猷，號東傳；廷讓，不娶。

士瀛長子，世昭，字熙明，生於崇禎庚午二月二十二日，卒於康熙乙酉九月十四日，平湖縣例監生，原名昕，平湖縣庠生，娶吳氏、賀氏，生二子：廷珏、廷琛、先繼一子廷球。

士瀛次子，世曦，字連石，生於崇禎辛未閏十二月二十四日，卒於康熙庚寅正月二十日，享年八十，娶朱氏、馬氏、查氏，生六子：廷球，出繼；廷術；廷衢；廷衛；廷沖；廷行。

士問長子，世齊，字姜封，一字見思，生於順治戊子七月二十二日，卒於康熙丁亥九月十九日，嘉興府庠生，入監，娶張氏、奚氏，生三子：廷志、廷恩、廷忠。

士問三子，世雍，字敏公，行三，生於順治丙申七月十七日，卒於康熙己亥十一月初二日，婁縣庠生，入監，娶倪氏，生三子：廷惠、廷憲、廷恕。

士泓長子，世明，字合璧，生於天啟壬戌十一月初九日，卒於康熙癸酉六月二十七日，平湖縣庠生，娶包氏、李氏，生二子：廷賁；廷貞，嗣世朗。

士泓次子，世曉，字曉仲，生於天啟甲子正月二十四日，卒於康熙庚申九月二十一日，平湖縣庠生，娶陳氏、丁氏，生四子：廷賚、廷賡、廷實、廷贄。

士泓三子，世期，字雲子，生於崇禎己巳二月二十二日，卒於康熙己丑十月十四日，華亭縣庠生，娶莫氏、殷氏、吳氏，生五子：廷柱、廷賀、廷樞、廷格、廷桂。

士泓四子，世朗，字東觀，生於崇禎辛未七月二十八日，卒於順治庚子十一月十四日，松江府庠生，娶張氏，無子，以世明次子廷貞嗣。

士泓五子，世甡，字生生，一字瞻鹿，行八，生於崇禎乙亥十二月二十六日，卒於康熙甲申九月初一日，平湖縣庠生，入監，娶張氏，生三子：廷瓚、

廷賞、廷瑣。

士泓六子，世瑚，字海士，行九，生於崇禎戊寅十一月十一日，卒於康熙己巳七月二十四日，婁縣庠生，娶張氏，生一子廷璣。

士瀚長子，世旦，字廣平，生於崇禎己巳六月十一日，卒於康熙戊辰二月二十一日，海鹽縣庠生，娶張氏，生五子：廷仁；廷義；廷理，字毅如，出家；廷智，娶張氏，無子，卒；廷信；廷和，字繼美，納張氏，無子。

士瀚次子，世煜，字半璜，一字東旭，生於崇禎甲戌十月二十六日，卒於康熙戊午八月十八日，娶顧氏，生三子：朝岡、廷羹、廷載。

士瀚三子，世瑨，字子晉，生於崇禎庚辰五月初十日，卒於康熙己巳八月二十五日，娶趙氏，生三子：廷輔；廷輪，出家平湖三槐書院；廷誦，字繼文，出家呂巷慈庵，卒。

士瀚五子，世章，字珠岳，生於順治壬辰三月十九日，娶吳氏，生二子：廷顯、廷畸。

士淇長子，世胤，字震一，號蘭莪，生於崇禎戊寅九月十七日，卒於康熙，平湖縣庠生，娶馮氏，無子，以世瓏長子廷藻嗣。

士淇三子，世瓏，字文玉，生於順治戊子十月初十日，卒於康熙丁丑十月初四日，娶張氏，生三子：廷藻，嗣世胤；廷簡，嗣世徹；廷純。

士淇四子，世瑜，字念周，生於順治乙未六月二十一日，卒於康熙乙卯八月十一日，娶王氏，生一子廷裕。

士淇五子，世育，字生萬，生於順治戊戌三月二十二日，卒於康熙辛卯二月十九日，娶何氏、曹氏，生六子：廷藩、廷屏、廷芳、廷芝、廷揚、廷輝。

士淇六子，世倩，字青人，生於順治辛丑九月初四日，卒於康熙丙子八月二十八日，娶劉氏，生二子：廷昭、廷暉。

士澄子，世韶，字虞來，生於崇禎壬申十月二十四日，卒於康熙庚辰十二月，娶謝氏、莊氏，生二子：廷鍔、廷鏞。

士淑子，世泉，字永昭，生於崇禎癸酉正月十七日，卒於康熙丁亥八月二十四日，娶陳氏，生二子：廷鋐、廷錄。

士淳長子，世槙，字鄴一，生於崇禎癸未三月二十九日，卒於康熙己未六月二十六日，娶何氏，生二子：源；廷弦，字歌南，娶陳氏，無子，卒。

士淳次子，世紱，字麟游，生於順治丙戌正月二十四日，卒於康熙甲申十月初九日，娶沈氏、何氏、單氏，生五子：廷譜；廷謨；廷諫；廷詢；廷諍。

士博子，世籹，字寧武，行二，生於順治甲午十月初七日，卒於康熙丙戌十一月十六日，松江府學廩生，娶馬氏，生二子：廷鑾；廷爕，嗣世敘。

士奎子，世麟，字方崖，行四，生於順治丁亥二月十一日，娶周氏。

士元長子，世增，字允修，生於順治甲申四月初四日，娶朱氏，生一子廷鏞，字啟占，不娶。

士元次子，世堦，字允和，生於順治丁亥三月十九日。

士理子，世補，字仲修，生於天啟甲子十二月十一日，卒於康熙癸未八月二十七日，享年八十，娶高氏、徐氏，生一子廷芳，住九里亭北姜家牌樓。

士學長子，世廉，字介思，生於萬曆庚戌九月初二日，卒於康熙壬子九月二十日，平湖縣庠生，娶陸氏、俞氏，生二子：廷昶，一子出家；廷曜。

士學三子，世本，字閔若，生於萬曆甲寅十月十三日，卒於康熙癸酉，享年八十，娶馬氏，生二子：廷晉、廷昇。

士祚子，世觀，字彥猷，生於崇禎戊辰七月二十二日，卒於康熙癸未七月初七日，娶朱氏，生四子：廷玫、廷瑜、廷珠、廷琰。

士林長子，世節，字彥修，生於崇禎癸未十一月二十六日，卒於康熙甲申，娶繆氏，生二子：廷桂、廷璧。

士林次子，世孚，字彥貞，生於順治戊子閏四月十七日，娶張氏。

士林三子，世萃，字元貞，生於順治甲午九月二十二日，不娶，訓蒙，葬親，為侄娶婦，以延宗祧，以世節子廷桂第三子廷綸嗣。

士恬長子，世豐，字麟書，生於崇禎癸未十二月初四日，卒於康熙乙亥二月二十日，娶吳氏，生一子，夭，以世益之子廷鏡嗣。

士恬三子，晚，字觀成，號謙庵，生於順治己丑八月初二日，卒於康熙庚寅七月，平湖縣庠生，娶周氏，生二子：廷蘭，夭；廷蕙。

士恬四子，世益，字永貞，生於順治丁酉三月二十九日，卒於康熙丁亥八月二十一日，娶趙氏，生一子廷鏡〔註57〕。

士梁長子，世咸，字巽先，生於順治壬辰七月初二日，卒於康熙辛丑二月，娶朱氏，生一子廷我，夭。

士梁次子，世怡，字介生，生於順治己亥九月十一日，卒於康熙甲午十二月初八日，娶曹氏，生二子：廷福、廷祿。

士懷長子，世煥，字有章，生於崇禎壬午九月初七日，娶馬氏，生一子廷

〔註57〕按：世益，僅一子廷鏡，過繼於世豐，似與情理不合。

基,夭。

士斌長子,世述,字平子,號紹衣,生於萬曆甲辰六月十五日,卒於康熙癸丑二月,平湖縣庠生,娶陳氏,生三子:廷雍,字丕績;廷襄,字贊載;廷廣,字美基,俱不娶,卒。

士斌三子,世法,字君茂,生於萬曆辛亥六月十二日,卒於順治己亥五月初二日,娶沈氏,生一子廷庶,夭。

士斌四子,世汭,字欽虞,生於萬曆甲辰正月二十三日,卒於順治辛丑十月初九日,娶袁氏,生一子廷應。

士斌六子,士深,字德裳,生於萬曆己未十一月二十四日,卒於順治丁未四月十六日,娶莊氏,生二子:廷相、廷庥。

士惺長子,世隆,字大來,號巨岩,生於萬曆丁巳十一月十九日,卒於康熙戊寅正月二十九日,娶張氏,生三子:廷揆、廷掞、思才。

士惺次子,世繩,字準飛,號爾宜,生於萬曆庚申十月十五日,卒於康熙丁卯十二月初二日,娶程氏,生二子:貽哲、蔚文。

士博長子,世敘,字功九,生於順治丁亥九月二十四日,卒於康熙癸丑七月二十六日,娶何氏,無子,以世粃次子廷變嗣。

第十二世

世慧子,廷曠,字伯雲,生於萬曆戊午十二月十四日,娶李氏,生四子:弘皋、弘卓、弘道、弘魁。

戀悌長子,廷訓。

戀悌次子,廷諭。

戀悌三子,廷議。

世謙長子,廷連,字華甫。

世謙次子,廷繡。

世敬長子,廷順。

世敬次子,廷彩。

世敬三子,廷用。

世旭長子,廷詩,字為南,一字馭千,生於順治戊子二月十五日,卒於康熙辛丑正月二十八日,善詩賦書法,明醫藥濟世,娶沈氏、繆氏,生四子:弘景、弘圖、弘略、弘慈。

世旭次子,廷禮,字孝則,一字馭鹿,生於順治丁酉十月日,卒於康熙丙

寅四月十九日，娶趙氏，無子，以廷詩子弘圖嗣。

世鵬長子，廷溫，字天生，行三，生於順治甲午八月十三日，卒於康熙己丑八月初一日，娶許氏，生二子：弘稼、弘稷。

世鵬次子，廷良，字美生，行四，生於順治己亥七月初七日，娶張氏，生一子弘樂。

世鵬三子，廷恭，字文生，行五，生於康熙甲寅十一月二十二日，娶戚氏，生一子弘穆。

世昭繼子，廷球，字天士，生於順治戊戌五月三十日，平湖縣庠生，娶朱氏，生二子：弘宣、弘寧。

世昭長子，廷玨，字兩玉，生於康熙乙巳二月十四日，卒於乙未九月二十八日，娶王氏、朱氏、單氏、高氏，生三子：弘繪，字素公，娶查氏，無子；弘緝；弘訥。

世昭次子，廷琛，字西玉，生於康熙乙卯八月十九日，卒於丁亥二月初六日，娶吳氏，苦節，待旌，生二子：弘組、弘絢。

世曦次子，廷術，字乃仁，生於康熙甲辰二月二十日，娶朱氏。

世曦三子，廷衢，字叔蕃，一字御行，生於康熙壬子七月初五日，娶沈氏。

世曦四子，廷衛，字南城，一字康庵，生於康熙庚寅十二月二十九日，娶張氏，生二子：弘灝、弘濬。

世曦五子，廷沖，字蒸山，生於康熙壬戌七月初九日，娶陳氏。

世曦六子，廷行，字天健，生於康熙甲子二月十二日，卒於庚寅閏七月十一日，娶陸氏，苦節，年少，十八初婚，無子，待旌。

世齊長子，廷志，字孟持，生於康熙庚戌六月二十七日，卒於壬寅十月廿三日。平湖縣例監生，考授州同，娶沈氏，無子，以廷恩子嗣。

世齊次子，廷恩，字仲霑，行五，生於康熙癸丑九月初二日，娶孫氏，生二子：弘雋，嗣廷志；弘集。

世齊末子，廷忠，字季超，行七，生於康熙己卯八月十一日，娶顧氏，生二子：弘翼，嗣廷志〔註58〕；弘鬻。

世雍長子，廷惠，字柳庵，生於康熙辛酉十一月二十七日，娶程氏，生四子：弘中、弘儒、弘佳、弘仁。

世雍次子，廷憲，字成章，生於康熙癸亥三月二十四日，娶朱氏，生一子

〔註58〕按：此處疑誤，前文廷志條已載明以廷恩子弘雋嗣。

弘齡。

世雍三子，廷恕，字我平，生於康熙丙寅二月十七日，娶楊氏，生一子弘基。

世明長子，廷賁，字虎士，一字負劬，生於順治辛卯二月二十五日，卒於康熙庚子九月，嘉興縣庠生，娶王氏，生一子弘琦。

世曉長子，廷賚，字武三，生於順治戊子八月二十七日，卒於康熙戊子七月十四日，娶李氏，生二子：弘道，字肩吾，娶唐氏，無子；弘遂，字深岩，夭。

世曉次子，廷賡，字再歌，生於順治辛卯九月二十日，娶張氏，生二子：弘逵、弘達。

世曉三子，廷寶，字穎垂，生於順治癸巳六月十八日，娶曹氏、張氏，生一子弘選，夭。

世曉四子，廷贄，字雁臣，生於順治乙未十月十五日，娶西氏、葉氏，生二子：弘源、弘述。

世期長子，廷柱，字蒼史，生於康熙丁未，卒於壬午九月二十五日，娶吳氏，生一子弘祚，夭，以廷賀長子弘勘嗣。

世期次子，廷賀，字青來，生於康熙戊申正月二十日，平湖縣庠生，娶紀氏，生二子：弘勘，嗣廷柱；弘勛。

世期四子，廷樞，字星拱，生於康熙己未十二月初一日，娶高氏，生三子：弘功、弘勳、弘勸。

世期六子，廷柱，字林一，生於康熙己巳十月初一日，娶陳氏，生一子弘敏。

世朗嗣子，廷貞，字東皋，生於順治戊戌二月十八日，卒於康熙戊子四月初三日，娶馮氏，生三子：弘紳、弘續、弘維。

世甡長子，廷瓚，字日襄，一字敏淵，生於順治戊戌九月十四日，婁縣學增廣生，娶朱氏，生三子：續、弘燦、弘緗。

世甡次子，廷賞，字尚功，生於康熙乙巳四月初七日，卒於戊寅正月初九日，娶平氏，生二子：弘繹、弘執。

世甡三子，廷瓆，字慶純，生於康熙己酉十一月二十九日，卒於甲辰十二月二十三日，松江府庠生，娶何氏，生二子：弘納、弘約。

世定嗣子，廷〔註59〕，字〔註60〕，生於月〔註61〕，娶氏〔註62〕，生一子弘〔註63〕。

世瑚子，廷璣，字星垂，生於順治庚子十月十四日，卒於康熙壬申九月二十五日，平湖縣例監生，考授州判，娶宋氏，生三子：弘繩、弘紀、弘統。

世旦長子，廷仁，字遐文，生於順治己丑六月十六日，娶徐氏，生一子弘昊。

世旦次子，廷義，字忠次，生於順治甲午十月初二日，娶顧氏，生六子：弘繢、弘訪、紹祖、弘訓、弘翔、弘翶。

世旦五子，廷信，字惟韓，生於康熙乙巳，娶蔣氏，無子。

世煜長子，朝崗，字鯤扶，生於順治丙申十一月十六日，卒於康熙癸未二月二十一日，平湖縣庠生，娶俞氏，生四子：弘乾、弘賢、弘彪、弘志。

世煜次子，弘羹，生於康熙甲辰，娶潘氏，生一子弘坤。

世煜三子，廷舫，生於康熙辛亥，娶氏〔註64〕，不嗣。

世瑨長子，廷輔，字瑞生，生於順治辛丑閏七月十六日，卒於康熙庚午九月二十七日，娶倪氏，生一子弘科。

世章長子，廷顯，字孔彰，生於康熙癸丑十月初十日，卒於丙戌九月初五日，娶張氏，生一子弘緝。

世章次子，廷畸，字可立，生於康熙丙辰五月二十三日，娶俞氏、莫氏、葉氏，生二子：弘傑、弘俊。

世胤嗣子，廷藻，字黼皇，生於康熙癸丑十二月十五日，卒於丁亥四月十三日，娶錢氏，生二子：弘聰、弘明。

世徹嗣子，廷簡，字雍南，生於康熙乙卯六月初九日，娶劉氏。

世瓏嗣子，廷耕，字尹莘，生於康熙丁卯七月二十日，娶秦氏，生四子：弘燮、弘德、弘剛、弘成。

世瑜子，廷裕，字耕岩，生於康熙癸亥十二月初七日，娶張氏。

世育長子，廷藩，字價維，生於康熙戊午三月初十日，娶楊氏，生一子弘義。

〔註59〕廷後空白。
〔註60〕字後空白。
〔註61〕月前空白。
〔註62〕氏前空白。
〔註63〕弘後空白。
〔註64〕氏前空白。

世育次子，廷屏，字保南，生於康熙戊辰，娶何氏，不傳。

世育三子，廷方〔註65〕，字譽乖，生於康熙庚午九月二十三日，娶何氏，生子。

世育四子，廷芝，字鑛山，生於康熙壬申九月十九日，娶朱氏，生一子弘壽。

世育五子，廷藝〔註66〕，字倍千，生於康熙甲戌七月初十日，娶阮氏，生子。

世育六子，廷英〔註67〕，字石舟，生於康熙丁丑三月二十三日，娶馬氏。

世倩長子，廷昭，字浩純，生於康熙癸亥正月二十八日，娶朱氏、顧氏，生二子：弘潤、弘浹。

世倩次子，廷暉，字式九，生於康熙乙丑年十一月二十一日，娶鍾氏，生一子弘濟。

世韶長子，廷鍔，字元亮，生於康熙辛酉二月初四日，納李氏，無子。

世韶次子，廷鈚，字西陶，生於康熙癸亥九月二十八日。

世韶三子，廷鏞，字洪聲，生於康熙丁卯二月二十六日，娶宋氏。

世泉長子，廷鋐，字茂京，生於康熙癸卯五月十二日，卒於乙未十二月初三日。娶朱氏、俞氏，生四子：弘汶、弘沂、弘渭、弘渡。

世泉次子，廷錄，字筆公，生於康熙丁未二月十九日，卒於丙戌十一月十九日，娶王氏，生二子：弘泗、弘泮。

世楨長子，源，字若渠，生於順治庚子九月二十三日，卒於康熙壬辰二月十二日，華亭縣庠生，娶陳氏，生一子弘量。

世紱長子，廷誥，字暉九，生於康熙甲辰六月初三日，卒於雍正乙巳八月十六日，金山衛庠生，娶龔氏，生三子：弘瑛；弘璿，嗣廷謨；弘珩。

世紱次子，廷謨，字嘉士，生於康熙丙午十一月初七日，卒於戊子五月二十四日，娶趙氏，生二子，俱夭。以廷誥次子弘璿嗣。

世紱三子，廷諫，字青蒲，生於康熙己酉四月初七日，卒於己亥二月十五日，娶褚氏，生四子：弘嶂，又作璠；弘峙，又作琪；弘岐，又作璵；弘瑾。

〔註65〕按前文「士淇五子，世育，字生萬，生於順治戊戌三月二十二日，卒於康熙辛卯二月十九日，娶何氏、曹氏，生六子：廷藩、廷屏、廷芳、廷芝、廷揚、廷輝。」廷方作廷芳。按兄弟行多以草字頭，「芳」為是。

〔註66〕按：據上條腳注可知，世育五子為廷揚，此處作廷藝，前後不一。

〔註67〕按：據上條腳注可知，世育六子為廷輝，此處作廷英，前後不一。

世絃四子，廷詢，字爱諏，生於康熙己未五月二十七日，娶單氏，生二子：弘崔、弘勝。

世絃五子，廷諍，字端臣，生於康熙戊辰四月二十九日，娶奚氏，生一子弘璟。

世敘嗣子，廷燮，字近光，生於康熙辛巳十一月初九日，卒於乾隆丁酉十二月二十四日，松江府庠生，娶周氏，生二子：弘澍、弘枟。

世敉長子，廷鑾，字瞻旂，生於康熙己巳正月十四日，青浦縣庠生，娶沈氏、董氏，生四子。

世補子，廷芳，字民表，生於康熙丙辰五月二十六日，娶吳氏，生二子：弘奎〔註68〕。

世廉次子，廷曜，字日升，生於康熙丙辰正月二十日，卒於雍正癸卯六月三十日，娶張氏，生一子大觀。

世本長子，廷普，生於順治戊子正月初四日，卒於康熙，娶王氏，生一子弘似。

世本次子，廷升，字允生，生於順治丁酉十二月十三日，娶吳氏。

世觀長子，廷玫，字武英，生於順治乙未七月十七日，卒於康熙戊戌九月日，娶張氏，生三子：弘範、弘有、弘綱。

世觀次子，廷瑜，字仲章，生於順治丁酉七月初七日，娶馬氏，生三子：弘英、弘勳、弘鏞。

世觀三子，廷珠，字爱章，生於康熙己酉十二月初五日，娶楊氏。

世觀四子，廷琰，字藹寧，生於康熙戊午十二月初二日，娶孟氏，生三子：弘忠、弘信、弘仁。

世節長子，廷桂，字丹九，生於康熙丁巳，娶顧氏，生四子：弘組；弘綬；弘綸，嗣世莘；弘紀。

世增之子，廷琇，字啟占，生於康熙乙丑七月十四日。

世賣嗣子，廷鏡，字炯千，生於康熙辛未正月十二日。

世豐嗣子，廷蘭，字芳言，生於康熙戊辰五月三十日，娶李氏。

晚次子，廷蕙，字南皋，生於康熙辛未六月十六日，娶周氏，生一子弘盛。

世益次子，廷鈖，生於康熙甲戌。

世怡子，廷福，生於康熙丙子九月初八日，娶張氏。

〔註68〕按：另一子名字缺載。

世怡子，廷祿，生於康熙壬午正月十四日。

世汭子，廷應，字殿颸，生於順治戊子十一月十五日。

士深長子，廷相，字錫公，生於順治己丑八月初六日，娶陳氏，生二子：弘生、弘嘉。

士深次子，廷庥，字德文，生一子弘甡。

世隆長子，廷揆，字熙伯，生於順治乙酉七月二十六日，卒於雍正癸卯十二月初四日，娶潘氏，生三子：駿曾、慶曾、弘綬。

世隆次子，廷揆，字仲達，一字覬常，生於順治庚寅六月十一日，娶張氏，生二子：弘曾、弘高。

世隆三子：思才，字遠叔，生於順治丁酉十月二十八日，卒於康熙辛酉十一月二十五日，娶蔣氏，生一子弘修。

世繩長子，貽哲，字知初，生於順治辛丑十二月初六日，出家平湖塔院，釋字了塵，先娶沈氏，生一子念祖，字聿修，亦隨父出家。

世繩次子，蔚文，字貞一，生於康熙丁未十一月二十三日，娶潘氏。

第十三世

廷曠長子，弘阜，字如山，生於崇禎己卯九月十五日，卒於康熙癸亥十二月十七日，娶馬氏，生四子：廣賢、廣良、廣富、廣貴。

廷曠次子，弘卓，字君升，生於崇禎甲申十月十五日，娶錢氏，生二子：廣宗、廣成。

廷曠三子，弘道，字君鄉，生於順治乙未十二月十七日，卒於康熙庚寅二月十四日，娶朱氏，生四子：廣寧、廣祥、廣瑞、廣隆。

廷曠四子，弘魁，字君榮，生於順治庚子二月十五日，娶金氏、陸氏，生三子：廣忠、廣孝、廣順。

廷詩長子，弘景，字欽陶，生於康熙癸丑十一月初二日，娶王氏，生三子：廣善、廣禧、廣祺。

廷詩三子，弘略，字谷城，生於康熙辛酉七月初五日，娶沈氏、彭氏。

廷詩四子，弘慈，字揆文，康熙己巳十二月初一日生，娶錢氏，生一子廣啟。

廷禮嗣子，弘圖，原名弘毅，字致遠，生於康熙乙卯七月二十一日，提督四譯館譯字生，娶楊氏。

廷溫長子，弘稼，字禹躬，生於康熙戊辰九月十二日。

廷溫三子，弘穆，字禹九，生於康熙甲戌四月初七日，娶張氏，生一子廣祈。

廷良長子，弘樂，字且耕，生於康熙辛卯六月十三日，夭。

廷恭長子，弘穆，字樹田，生於康熙甲戌六月初七日，娶潘氏，生一子廣傳。

廷球長子，弘宣，字凝山，生於康熙甲子正月二十七日，娶王氏。

廷球次子，弘寧，字御章，生於康熙丙子三月二十七日，娶張氏，生子。

廷玨次子，弘緝，字明助，生於康熙庚辰四月初九日，娶宋氏。

廷玨三子，弘訥，字孟言，生於康熙辛卯三月十三日。

廷琛長子，弘組，字濬公，生於康熙乙亥十一月十八日，娶張氏、王氏。

廷琛次子，弘絢，字雯藻，生於康熙乙亥十一月十八日〔註69〕，娶楊氏。

廷衛長子，弘灝，字企淇，生於康熙辛卯八月初一日。

廷衛次子，弘濬，字文淵，生於康熙乙未十月十一日。

廷志嗣子，弘雋，字永思，生於康熙壬寅五月二十日。

廷恩次子，弘集，字佳木，生於雍正甲辰十月十七日。

廷志嗣子，弘翼，字葉蜚，生於康熙辛丑二月二十四日。

廷忠子，弘嚚，字熙文，生於康熙癸卯九月十六日。

廷惠長子，弘中，字雛居，生於康熙甲申六月十九日。

廷惠次子，弘儒，字孔傳，生於康熙己丑四月初二日。

廷惠三子，弘佳，字作亭，生於康熙丙申閏三月十五日。

廷惠四子，弘仁，字道源，生於康熙己亥十月初四日。

廷憲子，弘齡，生於康熙戊戌五月二十日。

廷恕子，弘基，字肇周，生於康熙丁酉四月二十八日。

廷賣子，弘琦，字侶韓，生於康熙甲子十月十五日，平湖縣庠生，娶鮑氏，生三子：培運、培選、培遐。

廷賚長子，弘逵，字元衡，生於康熙庚申正月二十三日，娶江氏、王氏，生二子：培林、培修。

廷賚次子，弘達，字四聰，生於康熙壬戌五月二十八日，娶平氏，生一子

〔註69〕按：據生日可推知，弘組、弘絢當為吳氏所生雙胞胎。

廣淞。

廷贊長子,弘源,字岷山,生於康熙壬申三月初十日,娶儲氏,生一子培臨。

廷贊次子,弘述,字識文,生於康熙甲申二月。

廷柱嗣子,弘勘,字萬之,生於康熙丙申八月初二日。

廷賀次子,弘勛,字擎宗,生於雍正甲辰三月初二日。

廷樞長子,弘功,字麟登,生於康熙己卯九月十五日。

廷樞次子,弘勳,字定符,生於康熙丁亥七月二十日。

廷樞三子,弘勤,字以匡,生於康熙甲午十二月二十三日卯時,歿於乾隆五十一年十二月十六日辰時。娶朱氏、尹氏,(朱氏)生於康熙五十三年八月二十二日子時,歿於乾隆二十一年閏九月二十四日子時。(尹氏)生於乾隆元年三月二十六日子時,歿於六十年八月二十日申時。

廷格子,弘敕,字鳳衝,生於康熙乙未十一月初三日。

廷桂子,弘敏,字夙成,生於康熙壬寅九月初五日。

廷續長子,弘紳,字顥書,生於康熙辛酉正月二十五日,娶吳氏,生二子:培煦、培照。

廷續次子,弘維,字方隅,生於康熙庚午十二月初六日,娶謝氏。

廷續三子,弘續,字繼光,生於康熙乙亥十一月初三日。

廷瓚長子,續,字藻如,生於康熙戊辰五月二十日,平湖縣例監生,娶張氏、陸氏。

廷瓚次子,弘燦,字赤佩,生於康熙癸酉十二月二十一日,卒於乙未六月初七日,婁縣庠生,娶馮氏,無子。

廷瓚三子,弘緗,字亦陵,生於康熙辛巳十二月初七日,娶胡氏。

廷賞長子,弘繹,字思周,生於康熙癸酉九月十三日,娶倪氏,生一子培雲。

廷賞次子,弘紃,字綺成,生於康熙丁丑閏三月初一日,娶趙氏。

廷瓚次子,弘約,字秉中,生於康熙癸巳五月初四日。

廷瓚長子〔註70〕,弘納,字量容,生於康熙丁丑四月二十三日,娶李氏。

廷璣長子,弘繩,字其武,生於康熙丙寅六月十三日,娶楊氏、李氏,生四子:培詞、培書、培禮、培樂。

〔註70〕按:編排次序失當,當先長子,爾後次子。

廷璣次子，弘紀，字南有，生於康熙丁卯十一月十四日，娶張氏，生二子：培墀、培階。

廷璣三子，弘統，字御萬，生於康熙辛未閏七月初八日，卒於戊戌年八月初八日，娶韓氏，生二子：培植、培養。

廷仁子，弘昊，字蒼扶，生於康熙丙寅十一月初九日，娶謝氏，生一子培學。

廷義長子，弘繡，字新猷，生於康熙丁巳三月十一日，卒於丙申八月二十一日，娶朱氏，生二子：培愚；培直，嗣紹祖。

廷義次子，弘訪，字王臣，生於康熙庚申十月二十日，卒於壬寅九月十八日，娶徐氏，生三子：培魯、培愨、培芳。

廷義三子，紹祖，字卜成，生於康熙辛酉十一月初二日，卒於丙戌三月二十六日，娶趙氏，無子，以弘繡次子培直嗣。

廷義四子，弘訓，字迪庵，生於康熙丙寅十一月初一日，娶奚氏，生一子培納。

廷義五子，弘翔，字九苞，生於康熙壬申八月十八日，娶朱氏，生三子：培彬、培源、培諝。

廷義六子，弘翱，字於岡，生於康熙戊寅二月初一日，娶翁氏、吳氏。

朝岡長子，弘乾，字朗瞻，生於康熙庚申八月三十日，平湖縣學祠生，娶張氏，生一子培青。

朝岡次子，弘賢，字嵩岩，生於康熙壬戌十月十四日，娶沈氏，生三子：培朱、培赤、培耀。

朝岡三子，弘彪，字豹文，生於康熙戊辰九月二十九日，娶蔣氏，生二子：培庚；培辛，平湖縣守祠生。

朝岡四子，弘志，字泰瞻，生於康熙庚辰二月二十九日，娶高氏，生一子培恒。

廷羹子，弘坤。

廷輔長子，弘甲，字存九，夭。

廷輔次子，弘科，字來九，生於康熙己巳三月二十三日，娶王氏，生一子培履。

廷顯子，弘緡，字思維，生於康熙癸未正月初四日。

廷畸長子，弘傑，字邦彥，生於康熙癸巳七月初三日。

廷崎次子，弘俊，字吾英，生於康熙壬寅四月初八日。

廷藻長子，弘聰，字秉和，生於康熙丙子十月十六日，娶黃氏，生二子：廣恩、廣慈。

廷藻次子，弘明，字復初，生於康熙己卯十月十九日，娶蔣氏。

廷耕長子，弘德，字日宣，生於康熙乙未二月二十五日。

廷耕次子，弘燮，字占孚，生於康熙丁酉七月二十九日。

廷耕三子，弘剛，字得中，生於康熙己亥十月二十六日。

廷耕四子，弘成，字二受，生於康熙辛丑二月初五日。

廷藩子，弘義，生於康熙庚寅九月初七日。

廷芝子，弘壽，字舜年，生於康熙戊戌八月初九日。

廷昭長子，弘潤，字益滋，生於康熙辛丑正月初十日。

廷昭次子，弘浹，字澤周，生於雍正癸卯十二月二十五日。

廷暉子，弘濟，字巨川，生於康熙戊戌正月十一日。

廷鈜長子，弘汶，字閔賢，生於康熙丙寅十月二十六日，平湖縣例監生，娶張氏，生二子：培棟、培梓。

廷鈜次子，弘沂，字曾賢，生於康熙戊辰，娶邱氏。

廷鈜三子，弘渭，字遇文，生於康熙辛未十一月二十六日，娶馮氏，生一子培楷。

廷鈜四子，弘渡，字禹疏，生於康熙辛巳八月二十三日，娶沈氏。

廷錄長子，弘泗，字聖濱，生於康熙壬申九月二十七日，娶潘氏，生一子培楠。

廷錄次子，弘泮，字黌池，生於康熙丁丑七月初一日，娶單氏，生一子培桂。

源子，弘量，字洽聞，生於康熙乙丑二月十六日，卒於辛卯六月初七日，娶陳氏，二十六歲撫孤，守節，候旌。生一子象賢。

廷誥長子，弘瑛，字寶臣，生於康熙丙戌正月初五日。

廷誥次子，弘珩，字元佩，生於康熙壬辰十一月二十三日。

廷謨嗣子，弘璿，字舜衡，生於康熙戊子二月初三日。

廷諫長子，弘璠，字魯英，生於康熙己卯八月三十日。

廷諫次子，弘琪，字玉田，生於康熙壬午閏六月二十一日。

廷諫三子，弘璵，字季珍，生於康熙乙酉閏四月二十七日。

廷諫四子，弘瑾，字元琳，生於康熙庚寅九月初一日。

廷詢長子，弘崔，字蘆岩，生於康熙丁亥正月二十三日。

廷詢次子，弘勝，字得功，生於康熙壬辰四月十八日。

廷諍子，弘璟，字御表，生於康熙庚寅七月初十日。

廷巒長子，弘範，字次疇，生於康熙辛卯十二月初五日。

廷巒次子，弘籌，字長庚，生於康熙己亥正月十六日。

廷巒三子，宏〔註71〕森，字周辰，號艮葊，生於康熙辛丑七月二十七日，卒於乾隆戊申五月二十七日，松江府學廩生，娶徐氏，生二子：培誠，字修之，號雲汀，娶顧氏，守節，待旌；培訓，娶吳氏，無子；側室林氏生一子培慈，早卒。培誠生一子澐，字星渚，婁縣庠生，娶張氏，生二子：大承、大烈。

廷巒四子，宏垚，字谷興，生於康熙癸卯正月二十一日，卒於乾隆庚辰九月初四日，華亭縣庠生，娶祝氏，生一子培詠，字鳴之，號勉樓，婁庠廩生，娶曹氏。繼室何氏守節，待旌，生一子培謨，字文之，號浣齋，府庠生，娶張氏，守節，待旌，生子春元，殤。培詠生一子春淵，字掌元，娶程氏，生一子大鈞。

廷曜子，大觀，字鶴雲，生於康熙戊辰七月二十七日。

廷普子，弘以，字學文，生於康熙甲寅月日，娶沈氏，生一子培蘭。

廷玫長子，弘範，字疇九，生於康熙戊午十二月十二日，娶朱氏，生一子百鎰。

廷玫次子，弘有，字孚元，生於康熙壬申十月十六日，娶王氏，生一子萬鎰。

廷玫三子，弘綱，字立三，生於康熙丁丑五月十七日。

廷琰長子，弘忠，生於康熙甲申七月初二日。

廷琰次子，弘信，生於康熙甲午八月二十六日。

廷琰三子，弘仁，生於康熙戊戌。

廷桂長子，弘組，字伯韜，生於康熙乙酉九月二十五日，娶周氏。

廷桂次子，弘綏，字仲略，生於康熙戊子四月二十一日，娶王氏。

廷桂三子，弘記，字季照，生於康熙壬辰七月初九日。

〔註71〕按：應作：弘。

世萃嗣子，弘綸。

廷蕙子，弘盛，生於康熙癸卯八月二十一日。

廷庥子，弘甡，生於康熙庚申十月初七日。

廷揆長子，駿曾，字公邁，生於康熙丙午九月初六日，娶俞氏、何氏，生一子全。

廷揆次子，弘繹〔註72〕，字紹齊，生於康熙丙辰十二月初九日，娶陸氏。

廷揆三子，弘綏，字用九，生於康熙辛酉十一月二十七日，婁縣庠生，娶戈氏，生三子：培清、培發、培祥。

廷揉長子，弘曾，字衡峰，生於康熙丁巳正月二十三日，卒於庚寅八月十七日，娶張氏，生一子廣福。

廷揉次子，弘高，字瑞年，生於康熙己未八月初二日，娶周氏，生三子：廣孝、廣仁、廣義。

思才子，弘修，字屺瞻，生於康熙己未十月初四日，平湖縣學祠生，娶朱氏。

廷芳子，弘奎，字汝安，生於康熙丁丑六月二十六日，娶戴氏，生二子：培紳、培試。

廷瑜長子，弘英，字桂林，生於康熙壬戌十月十一日。

廷瑜次子，弘勳，字以卿，生於康熙庚午十月初七日。

廷瑜三子，弘繡〔註73〕，字聖倩，生於康熙壬午四月二十八日，娶李氏，生一子培傳。

廷相長子，弘生，字楚彬，生於康熙庚申十月初七日，娶蔣氏，生一子培松。

廷相次子，弘嘉，字楚臣，生於康熙庚辰三月二十五日。

第十四世

弘皋長子，廣賢，字聖甫，生於康熙癸卯六月初八日，娶李氏，生一子光家。

弘皋次子，廣良，字英甫，生於康熙壬子十二月十二日，卒於壬寅三月二十一日，娶顧氏，生一子光仙。

弘皋三子，廣富，字仁甫，生於康熙丁巳三月十二日，娶楊氏。

〔註72〕按：據前文「世隆長子，廷揆，字熙伯，生於順治乙酉七月二十六日，卒於雍正癸卯十二月初四日，娶潘氏，生三子：駿曾、慶曾、弘綏。」次子為慶曾。

〔註73〕按：前文作「弘鏽」。據其字「聖倩」，當以「繡」為是。後文「第十四世」亦載作「弘繡」。

弘皋四子，廣貴，字瑞亮，生於康熙己未八月二十一日，娶孫氏，生一子光傑。

弘卓長子，廣宗，字紹昌，生於康熙。

弘卓次子，廣成，字大中，生於康熙戊午十月二十日，娶馮氏，生四子：光禮、光樂、光射、光藝。

弘道長子，廣寧，字永瑞，生於康熙己巳四月十九日，娶康氏。

弘道次子，廣祥，字永思，生於康熙乙亥月日，娶顧氏。

弘道三子，廣瑞，字采芝，生於康熙甲申。

弘道四子，廣慶，字子余，生於康熙。

弘魁長子，廣忠，字姜望，生於康熙戊辰十二月十五日，娶馬氏，生二子：光瑜、光球。

弘魁次子，廣孝，字梅岩，生於康熙壬申十二月十八日，娶王氏，生一子光國。

弘魁三子，廣順，字賓文，生於康熙丁巳六月初七日，娶沈氏，生二子：光暘、光明。

弘景長子，廣善，字舜同，生於康熙丁丑十月十七日，娶錢氏，生一子光鎬。

弘景次子，廣禧，字文海，生於康熙癸未八月初二日。

弘景三子，廣祺，字文江，生於康熙壬辰八月二十四日。

弘慈子，廣啟，字開暘，生於康熙壬寅九月十三日。

弘琦長子，廣運，字景新，生於康熙辛卯二月二十三日。

弘琦次子，培選，字國華，生於康熙癸巳八月初五日。

弘琦三子，培遐，字德孚，生於康熙壬寅四月二十五日。

弘逵長子，培林，字志儒，生於康熙壬寅六月十六日。

弘逵次子，培修，字思永，生於雍正乙巳六月二十六日。

弘源子，培臨，字宜君。

弘紳長子，培煦，字育萬，生於康熙乙酉九月十八日。

弘紳次子，培照，字耀仙，生於康熙辛卯二月初二日。

弘繹子，培雲，字夏峰，生於康熙丙申九月初二日。

弘繩長子，培詞，生於康熙己丑二月。

弘繩次子，培書，生於康熙。

弘繩三子，培禮，生於康熙。

弘繩四子，培樂。

弘紀長子，培墀，字召周，生於康熙乙酉十月二十一日。

弘紀次子，培階，字象師，生於康熙辛卯十二月二十二日，娶孫氏。

弘統長子，培植，字紹基，生於康熙壬辰十月二十五日。

弘統次子，培養，生於康熙丁酉十一月二十二日。

弘繢長子，培愚，字厚余，生於康熙癸未五月十一日。

弘繢次子，培直，字公正，生於康熙戊子七月十一日。

弘訪長子，培魯，字聖傳，生於康熙己丑。

弘訪次子，培懃，字惟誠，生於康熙。

弘訪三子，培芳，生於康熙。

弘訓子，培納，生於康熙。

弘翔長子，培彬，字景魯，生於康熙丙申十二月初二日。

弘翔次子，培源，生於康熙壬寅十二月三十日。

弘翔三子，培誵，生於雍正甲辰二月初三日。

弘乾子，培青，字位東，生於康熙庚寅十二月十二日，娶楊氏，生子光。

弘賢長子，培朱，字履南，生於康熙丙戌十二月二十三日。

弘賢次子，培赤，字道南，生於康熙辛卯十一月初四日。

弘賢三子，培耀，字煒南，生於康熙己亥五月二十三日。

弘彪子〔註74〕，培庚，字西離，生於康熙辛卯。

弘彪次子，培辛，字西銘，生於康熙癸巳。

弘志子，培恒，字艮山，生於康熙辛丑十月二十五日。

弘科子，培履，字蒼祿，生於雍正癸卯九月十四日。

弘聰長子，廣恩，生於康熙壬寅七月三十日。

弘聰次子，廣慈，生於雍正甲辰九月初四日。

弘汶長子，培棟，字景堂，生於康熙丙申五月十七日。

弘汶次子，培梓。

弘渭子，培楷，字端民，生於康熙戊戌十二月十八日。

弘泗子，培楠，生於康熙戊戌四月十三日。

弘泮子，培桂，字在宮，生於康熙戊戌六月二十一日。

〔註74〕按：依著錄體例，此處應寫「長子」。

弘量子，象賢，字景維，生於康熙戊子。

弘以子，培蘭，字聖祥，生於康熙丁酉十二月十二日。

弘範子，百鎰，字南金，生於康熙戊子三月初九日。

弘有子，萬鎰，字南珍，生於雍正甲辰五月初七日。

弘奎長子，培紳，字衣垂，生於康熙甲午十二月二十九日。

弘奎次子，培試，字近顏，生於雍正癸卯六月十一日。

駿曾子〔註75〕，全，生於雍正甲辰八月二十日。

弘綏長子，培清，生於康熙。

弘綏次子，培發，生於康熙。

弘綏三子，培祥。

弘曾子，廣福，字三省。

弘高長子，廣孝，字思劬，生於康熙壬辰。

弘高次子，廣仁，字行可，生於康熙丙申。

弘高三子，廣義，生於康熙庚子。

弘達子，廣淞，字三江，生於康熙辛丑三月初九日。

弘生子，培松，字峻岩，生於雍正癸卯八月二十八日。

弘繡子，培傳，字敘佳，生於雍正癸卯十二月二十八日。

弘昊子，培學，字可三，生於康熙丁酉四月十二日。

第十五世

廣賢長子，光冢，字長臣，生於康熙丙戌四月十八日。

廣良子，光仙，字晴岩，生於康熙丁酉十月二十六日。

廣貴子，光傑，字義庵，生於康熙癸卯正月十二日。

廣成長子，光禮，字兆周，生於康熙庚辰八月十六日。

廣成次子，光樂，字養心，生於康熙壬午十二月十七日。

廣成三子，光射，字勝功，生於康熙丁酉十月二十七日。

廣成四子，光藝，字學三，生於康熙辛丑七月二十九日。

廣忠長子，光瑜，字龍文，生於康熙庚子十月二十五日。

廣忠次子，光球，字玉珂，生於雍正甲辰正月初四日。

廣孝子，光國，字輔臣，生於雍正癸卯五月二十三日。

廣順長子，光暘，字日暉，生於康熙庚子十二月二十六日。

〔註75〕按：原文作「子子」，多一個「子」。

廣順次子，光明，字德修，生於雍正癸卯十二月初九日。

廣善子，光鎬，字周京，生於雍正乙巳八月初五日。

《姚氏世譜》第三卷（西坡公支）

長房東橋公後怡善公長子西坡公世系

第七世起，六世以前見卷首

第一世

南山公，秀一，合族世祖。

第二世

樸軒公，思敬，南山公子單傳。

第三世

東橋公，宗顯，樸軒公長子，是為長房之祖。

第四世

北湖公，琛，東橋公子單傳。

第五世

耕隱公，奇，北湖公子，公生三子，幼為怡善公璋。

第六世

怡善公，璋，耕隱公第三子，公生五子，長為西坡公奎，是卷所係，奎之後也。

第七世

璋長子，奎，字應文，號西坡，生於弘治，卒年不詳。松江府庠生，弘治辛酉科應天舉人，娶倪氏，生五子：范、簠、筐、簇、符。

第八世

奎長子，范，字式之，號方洲，生卒年月無考，娶朱氏，生四子：體乾，字悅洲，娶陸氏，無子，不嗣；體明；體正；體大。

奎次子，簠，字器之，號興川，生於正德己巳，卒於萬曆乙未。享年八十有七，冠帶庠生，娶周氏，無子，不嗣。

奎三子，筐，字負之，號濟川，生卒年月無考，華亭縣庠生，娶朱氏，生一子體元，字肖川，娶氏，生子士昌，字順洲，娶陳氏，無子，不嗣。

奎四子，簇，字和之，號荻洲，生卒年月無考，娶張氏，生二子：體國；體用，字如洲，娶氏，生子士瑄，字見坡，娶陸氏，生子世靜，字子昇，娶金

氏，無子，不嗣。

奎五子，符，字信之，號道川，生於正德丙子二月初一日，卒於萬曆壬辰三月二十一日，庠生，娶顧氏，生四子：體顏；體曾；體思；體孟，字浩齋，娶莊氏。生二子，長士候，字信吾，次士伯，字躬吾，俱無子，不嗣。

第九世

范次子，體明，字近洲，生卒年月無考，娶丘氏，生二子：士成，字繼洲，娶馬氏，生子世裔，娶馬氏，無子不嗣；士威，嗣體正。

范三子，體正，字憶洲，生卒年月無考，娶氏，無子，以體明次子士威嗣。士威，字述洲，娶唐氏，無子，不傳。

范四子，體大，字仰洲，生於嘉靖己酉五月初九日，卒於萬曆庚申二月二十日，娶宋氏〔註76〕，生二子：士科、士林。

簏子，體國，字少洲，享年八十有二，生卒年月無考，生一子士璨。

符長子，體顏，字心齋，生於嘉靖丁未閏六月初八日，卒於天啟壬戌二月初三日，娶馬氏，生二子：士臣、士尹。

符次子，體曾，字魯齋，生於嘉靖庚戌，卒於萬曆戊午。娶朱氏，生三子：士宰；士相，字忠吾，娶馬氏，生子世義，字君華，娶周氏，無子不嗣；士公，字桓吾，出家新倉道院。

符三子，體思，字誠齋，生於嘉靖乙丑，卒於萬曆戊申。娶朱氏，生二子：士佐，字充吾，娶朱氏，無子不嗣；士傑。

第十世

體大長子，士科，字仲洲，生於萬曆甲午正月初一日，卒於康熙甲辰閏六月二十二日，娶陸氏，生一子世福。

體大次子，士林，字近洲，生於萬曆丙申十二月初十日，娶董氏，生四子，世賢、世能、世孝、世敬。

體國子，士璨，字心坡，生於萬曆丙子十一月二十七日，卒於崇禎庚辰七月二十日，娶沈氏，生二子：世朝；世昌，字君坡，娶李氏，無子，不傳。

體顏長子，士臣，字蓋吾，生於隆慶壬申十一月初十日，卒於順治甲午八月二十五日，享年八十有三，娶李氏，生三子：世洽；世沾，字龐宇，字〔註77〕娶張氏；世治，字方宇，娶許氏，俱無子，不傳。

〔註76〕按：原文小字注：享年八十有九。
〔註77〕按：依前後體例，此為衍字。

體顏次子，士尹，字莘吾，生於萬曆乙亥二月初三日，卒於崇禎辛巳七月十二日，娶李氏，生四子：世瀛，字泓宇，娶陸氏，無子；世洲；世淳，字震宇，娶李氏，無子；世溢。

體曾長子，士宰，字匡吾，生於萬曆己卯七月初十日，卒於崇禎辛巳十二月十一日，娶馬氏，生三子，世義，字君華，娶周氏，無子；世丙；世甲。

體思子，士傑，字川吾，娶曹氏、謝氏，生二子：世文；世武，夭。

第十一世

士科子，世福，字聖言，生於崇禎辛未五月初十日，卒於康熙戊午十月日，娶王氏，生五子：廷日，娶氏；廷月，娶氏；廷星；廷柱，娶氏；廷珮，娶周氏，俱不傳。

士林長子，世賢。

士林次子，世能。

士林三子，世孝，生卒年月無考，娶氏，生一子。

士林四子，世敬。

士璲子，世朝，字華坡，生於萬曆戊午三月二十日，卒於順治壬辰正月二十四日，娶杜氏，生一子廷懋。

士臣子，世洽，字環宇，生於萬曆己亥十月二十七日，卒於康熙甲辰十二月初五日，娶金氏，生二子：廷諫，廷欽。

士尹次子，世洲，字巽宇，生於萬曆癸丑八月十五日，卒於順治甲午四月十一日。娶湯氏，生二子：廷蘭、廷芷。

士尹四子，世溢，字華宇，生於崇禎壬申六月二十五日，娶何氏，生一子廷芳。

士宰長子，世甲，字子源，生於萬曆丙午十月十一日，娶朱氏，生三子：廷富，字君平，不傳；廷貴，字君〔註78〕，娶何氏，無子，不傳；廷華。

士宰三子，世丙，字子吉，生於崇禎庚午正月初八日，娶金氏，生一子廷珏。

士傑子，世文，字君章，生年不詳，卒於康熙辛未十月十一日，娶宋氏，生二子：廷琇、廷英。

第十二世

世福子，廷星，字省三，生一子廷綏。

〔註78〕「君」後空白。

世朝子，廷懋，字克修，生於順治乙酉十月十一日，娶駱氏，生二子：弘聲、弘進。

世洽長子，廷諫，字仲恩，生於萬曆己未十一月二十五日，娶屠氏，生二子：弘懷、弘經。

世洽次子，廷欽，字明甫，生於崇禎癸酉五月二十八日，娶陸氏，生二子：弘文、弘景。

世洲長子，廷蘭，字九畹，生於崇禎丁丑五月十七日，娶倪氏，生一子弘禎。

世洲次子，廷芷，字岸青，生於順治丙戌九月二十九日，娶宋氏，生一子弘寬。

世溢子，廷芳，字茂先，生於順治丁酉七月十一日，娶陸氏，生二子：弘祥、弘瑞。

世甲三子，廷華，字皖公，生於順治己丑八月十八日，娶陸氏，生二子。

世文長子，廷琇，字良甫，生於崇禎癸未五月二十日，卒於康熙壬寅十一月十一日，娶馬氏，生二子：弘紳、弘綠。

世文次子，廷英，字寧候，生於康熙乙巳十月十五日，娶薛氏，生一子弘義。

世丙子，廷珏，生於順治辛丑六月初五日。

第十三世

廷懋長子，弘聲，生於康熙癸亥。

廷懋次子，弘進，生於康熙乙丑。

廷諫長子，弘懷，字伯成，生於順治乙酉六月十四日，娶陶氏。

廷諫次子，弘經，字叔章，生於順治戊子七月初八日，娶許氏，生一子廣遠。

廷欽長子，弘文，生於順治甲午十一月二十日。

廷欽次子，弘景。

廷蘭子，弘禎，生於康熙丙寅四月初八日。

廷芷子，弘寬。

廷芳長子，弘祥，生於康熙戊午九月十二日，娶曹氏。

廷芳次子，弘瑞，生於康熙丁卯四月二十二日。

廷秀〔註79〕長子，弘紳，字起祥，生於康熙乙卯十月二十日，娶氏，生四子：廣平、廣安、廣吉、廣慶。

〔註79〕按：前文十二世作「廷琇」。

廷秀〔註80〕次子，弘絿，生於康熙庚申十一月十七日。

廷英子，弘義，字聖傳，生於康熙乙酉七月初五日，娶毛氏。

廷星子，弘綬，生於康熙壬申三月。

第十四世

弘經子，廣遠，生於康熙。

弘紳長子，廣平，生於康熙己卯十二月初四日，娶張氏，生一子光祥。

弘紳次子，廣安，生於康熙辛巳九月十二日，娶夏氏。

弘紳三子，廣吉，生於康熙癸未十二月二十六日。

弘紳四子，廣慶，生於康熙丙戌六月二十八日。

第十五世

廣平子，光祥，字暉發，生於雍正甲辰六月十九日。

《姚氏世譜》第四卷（北田公支）

長房東橋公後怡善公次子北田公世系

第七世起，六世以前見卷首

第一世

南山公，秀一，合族世祖。

第二世

樸軒公，思敬，南山公子單傳。

第三世

東橋公，宗顯，樸軒公長子，是為長房之祖。

第四世

北湖公，琛，東橋公子單傳。

第五世

耕隱公，奇，北湖公子，公生三子，幼為怡善公。

第六世

怡善公，璋，耕隱公第三子，公生五子，次為北田公璧，是卷所係，璧之後也。

第七世

璋次子，璧，字應輝，號北田，生卒年月無考，娶石氏，生七子：筼；節；

〔註80〕按：前文十二世作「廷琇」。

簪；笏；籍，字微之，號味泉，娶沈氏，無子，不傳；箬；籛。

第八世

壁長子，筫，字敬之，號瑞峰，生卒年月無考，國學生，娶曹氏，生三子：體忠、體恕、體貴。

壁次子，節，字安之，號曲江，生卒年月無考。松江府庠生，娶吳氏、曹氏，生二子：體道、體達。

壁三子，簪，字完之，號槐堂，生卒年月無考，娶朱氏，生五子：體仁；體德；體溫；體潤；體勤，嗣南汀長子籮。

壁四子，笏，字進之，號友泉，生卒年月無考。娶張氏，生二子：體直、體益。

壁六子，箬，字用之，號可泉，生於正德癸酉九月十五日，卒於萬曆庚辰九月二十一日，平湖縣學廩生，娶王氏，生二子：體祥；體福，壯歲出遊不歸，或云贅於吳江。

壁七子，籛，字明之，號若泉，生卒年月無考，娶王氏，生二子：體任、體讓。

第九世

筫長子，體忠，號少峰，生卒年月無考，松江府庠生，入監，娶張氏，生三子：士魁，嗣體貴；士翹；士觀。

筫次子，體恕，號仰峰，生卒年月無考，娶金氏，生二子：士謙、士謹。

筫三子，體貴，生卒年月無考，無子，以體忠長子士魁嗣。

節長子，體道，號少江，生於嘉靖甲申三月十四日，卒於隆慶丁卯六月二十二日，華亭縣學廩生，娶葉氏，生三子：士萼；士芳；士華，嗣體達。

節次子，體達，號後江，生於嘉靖丁酉，卒於萬曆戊午正月二十八日，壽八十二，華亭縣庠生，娶董氏，無子，以體道三子士華嗣。

簪長子，體仁，字汝愛，號少槐，生於嘉靖癸巳，華亭縣庠生，娶沈氏，生一子士蘇。

簪次子，體德，字汝修，號儼懷，生於嘉靖癸巳八月，卒於萬曆癸丑十月十六日，享年八十有一，平湖縣庠生，娶范氏，生四子：士蘭、士蕙、士葵、士藻。

簪三子，體溫，字汝和，號三槐，生卒年月無考，平湖縣庠生，娶朱氏，生二子：士琨、士鴻。

　　簪四子，體潤，號望槐，生於嘉靖戊戌十一月二十四日，卒於萬曆戊申五月初一日，壽八十六，娶郭氏、趙氏，生六子：士縉、士紳、士愉、士純、士紘、士怡。

　　笏長子，體直，號承泉，生卒年月無考，娶王氏，生一子士荇。

　　笏次子，體益，號繼泉，生於嘉靖甲辰九月三十日，卒於萬曆己酉六月初三日，娶黃氏，生二子：士芮、士蓮。

　　箱長子，體祥，號星河，生於嘉靖己亥八月十六日，卒於天啟丁卯八月二十八日，享年八十有九，平湖縣學增廣生，娶沈氏，生二子：士茂、士萊。

　　箋長子，體任，號華莘，生卒年月無考，華亭縣庠生，娶何氏，生三子：士莊，字瑞吾，娶沈氏、千氏；士葛，字承吾，娶褚氏，俱無子不嗣；士董。

　　箋次子，體讓，字汝美，生卒年月無考，娶褚氏，生一子士莪。

第十世

　　體忠次子，士翹，字邦舉，號宏吾，生於嘉靖甲子六月二十四日，卒於順治乙酉九月二十二日，享年八十有二，娶高氏，生五子：世雅；世維，字爾張，娶王氏，生子廷珂，字完初，娶徐氏，無子不嗣；世權；世俊；世曜。

　　體忠三子，士觀，字邦賓，號適園，生於隆慶己巳五月十八日，卒於天啟乙丑三月二十二日，娶徐氏，生三子，世振，字心園，無子不嗣；世揚；世擇。

　　體恕長子，士謙，字邦益，又字完白，號恂如，生於嘉靖癸未，卒於萬曆己未五月二十日，平湖縣庠生，娶王氏，生二子：世儀、世倬。

　　體恕次子，士謹，字邦友，號完樸〔註81〕，生於隆慶辛未十二月初三日，卒於崇禎戊寅八月二十四日，娶陳氏，生二子：世僖，字公省，娶氏，無子；世佶。

　　體貴嗣子，士魁，字邦選，號鬥垣，生卒年月無考，娶張氏、沈氏，生二子：世科、世穆。

　　體道長子，士萼，號儆庵，生卒年月無考，華亭縣庠生，娶氏，無子，不嗣。

　　體道次子，士芳，字邦名，號養空，生於嘉靖甲子正月初六日，卒於崇禎戊寅八月初三日，華亭縣學增廣生，娶顧氏、沈氏、徐氏，生一子世雋。

　　體達嗣子，士華，字邦賓，生於嘉靖丁巳四月二十三日，卒於萬曆丁未十

〔註81〕士謙字完白，則此處或為字非號，或者前文為號非字。

一月初七日，娶毛氏、金氏，生五子：世復，字君來，娶金氏，生子廷訓，字子聞，娶周氏，無子；世升，字元登，娶李氏、王氏；世泰，字叔開，娶陳氏，俱無子不嗣；世豐；世晉，字幼錫，娶王氏，無子不嗣。

體仁子，士蘇，字邦瞻，號涵臺，生卒年月無考，平湖縣庠生，娶范氏，無子，不嗣。

體德長子，士蘭，字澄如，生於嘉靖己未十月，卒於崇禎己卯十二月，享年八十有一，娶謝氏，生四子：世贊，字復初，娶氏，生一子，卒，不傳；世贄；世質，字元美，娶莊氏、謝氏，無子；世賽，字君錫，娶陸氏，生子廷舉，字公亮，娶曹氏，無子，俱不嗣。

體德次子，士蕙，字闇如，生於嘉靖癸未，卒於崇禎乙亥九月，娶劉氏，享年八十有六，生三子：世哲、世寧、世揚。

體德三子，士葵，字淡如，生於嘉靖乙丑十一月，卒於崇禎壬午十一月十七日，娶湯氏、吳氏〔註82〕，生一子世臣。

體德四子，士藻，字觀如，生於隆慶庚午，卒於順治戊子四月，娶金氏，生一子世善。

體溫長子，士琨，字敬槐，生卒年月無考，娶丁氏、周氏，生三子。

體溫次子，士鴻，字雁嶺，生卒年月無考，娶曹氏，生三子。

體潤長子，士縉，字瞻田，生卒年月無考，娶馮氏，生二子：世璨，字君玉，娶張氏，生子廷耀，字光甫，娶沈氏，無子；世瑗，字愛山，娶劉氏，生子廷備，字九章，無子，俱不嗣。

體潤次子，士紳，字邦儀，生於隆慶壬申，娶楊氏，生二子：世瑞、世珍。

體潤四子，士愉，字文若，號修和，生於萬曆癸未二月十九日，卒於康熙壬寅十一月十一日，享年八十，金山衛庠生，娶顧氏，生六子：世震，字公一，娶楊氏、曹氏，生子廷發，字舜欽，娶顧氏，無子；世咸，字彥虛，娶顧氏；世孚，字孺中，娶彭氏、褚氏；世復，字子建，娶張氏，俱無子不嗣；世漸；世隨，字子雲，娶朱氏，無子不嗣。

體潤五子，士純，字君粹，生於萬曆戊子，娶胡氏，生二子：世奇、世〔註83〕。

體潤六子，士紘，字玄嶠，生於萬曆己丑，卒於順治乙酉八月，娶平氏，

〔註82〕原文小字注：享年八十有四。
〔註83〕「世」字後空白。

生一子世亮。

體潤七子，士怡，字令裕，生於萬曆丁酉十月二十七日，卒於崇禎甲申十月初十日，華亭縣庠生，娶張氏，生五子：世皋、世夒、世伊、世傅、世旦。

體直子，士荇，字觀泉，生於隆慶己巳，卒於萬曆庚子，娶邵氏，生一子世沖。

體益長子，士芮，字復南，生於嘉靖丙寅正月十三日，卒於天啟丁卯正月初一日，娶干氏〔註84〕，生二子：世豫、世章。

體益次子，士蓮，字三泉，生於隆慶辛未六月初六日，卒於崇禎甲申十月初五日，娶孫氏〔註85〕，生二子：世鼎、世善。

體祥長子，士茂，字邦榮，生於嘉靖己未七月初八日，卒於崇禎己卯十月二十七日，享年八十有一，娶費氏、呂氏，生三子：世重，字君威，娶韓氏，無子不嗣；世一，字君孟，未娶；世翰。

體祥次子，士萊，字仲朱，生於萬曆戊寅三月初三日，卒於順治戊子二月二十一日，娶王氏〔註86〕，生二子：世端、世元。

體任三子，士蕫，字邦政，生於萬曆乙酉九月十五日，卒於崇禎甲戌十月十六日，娶馮氏、褚氏，生二子：世禮、世裼。

體讓子，士莪，字敬美，生於萬曆戊戌，娶揚氏，生一子世矜。

第十一世

士翹長子，世雅，字伯言，生於萬曆甲申，卒於〔註87〕康熙，娶曹氏、金氏，生一子廷璠。

士翹四子〔註88〕，世權，字衡甫，生於萬曆辛卯八月初三日，卒於康熙，娶過氏，生二子：廷球，字德芳，娶楊氏、毛氏、徐氏、朱氏，無子；廷瑚。

士翹四子，世俊，字克儔，生於萬曆癸卯四月二十九日，卒於康熙，娶高氏，生一子廷琯。

士翹五子，世曜，字振光，生於萬曆丙午正月初十日，卒於康熙，娶朱氏，生二子：廷珠、廷玕。

〔註84〕原文小字注：享年八十有一。
〔註85〕原文小字注：享年八十有二。
〔註86〕原文小字注：享年八十。
〔註87〕按：「卒於」為著者據文意補，原文缺。
〔註88〕按：據前文，當為「三子」，「四子」誤。而且，下面世俊亦注明「四子」，世權明顯錯誤。

士觀次子，世揚，字少園，生於萬曆己亥三月十九日，卒於康熙壬寅九月初十日，娶顧氏，生二子：廷雯、廷相。

士觀三子，世擇，字戀園，生於萬曆甲辰，娶陸氏，生一子廷瑜。

士謙長子，世儀，字元式，號韶羽，生於萬曆戊子四月十二日，卒於天啟甲子六月初二日，平湖縣庠生，萬曆戊午科浙江舉人，娶董氏，生一子之琦。

士謙次子，世倬，字漢昭，生於萬曆庚子八月初四日，卒於康熙辛亥八月十二日，娶李氏，生二子：廷珍、廷璿。

士謹子，世佶，字爾開，生於萬曆己亥五月十三日，卒於康熙己未三月二十二日，享年八十有一，娶李氏，生二子：廷瑞、廷瑜。

士魁長子，世科，字伯名，生於萬曆己亥九月十四日，卒於順治辛卯六月初七日，娶顧氏，生一子廷珣。

士魁次子，世穆，字伯祺，生於萬曆丙午七月十三日，卒於康熙，娶唐氏，生一子之璹。

士華子，世豐，字季稔，行四，生於萬曆己亥十二月十九日，卒於崇禎戊辰十一月初七日，娶富氏，生三子：廷誥、廷謨、廷。

士芳子，世雋，字古卿，生於萬曆庚戌九月二十六日，卒於康熙癸亥二月十八日，平湖縣庠生，娶衛氏，生二子：廷軾、廷轍。

士蘭子，世贊，字君猷，行二，生於萬曆辛卯四月日，卒於順治辛丑十一月二十二日，娶沈氏、楊氏，生三子：廷評、廷謙、廷論。

士蕙長子，世哲，字爾成，生於萬曆辛巳月日，卒於順治庚子十二月日，娶盛氏、徐氏，生四子：廷爵；廷召；廷宣，嗣世寧；廷對，字振聲，不娶。

士蕙次子，世寧，字君靖，生於萬曆己丑九月十二日，卒於康熙癸卯十月初十日，娶孫氏，無子，以世哲第三子廷宣嗣。

士蕙三子，世揚，字振之，生於萬曆癸卯正月十四日，卒於崇禎戊寅二月日，娶楊氏，生二子：廷瑚、廷璉。

士葵子，世臣，字君喬，生於萬曆辛丑十一月十六日，卒於康熙丙午正月初一日，娶湯氏、夏氏，生四子：廷舒；廷岙；廷鷺，字我容，娶張氏，無子；廷圭。

士藻子，世善，字祖槐，生於萬曆丁酉十二月初五日，娶金氏，生二子：廷相；廷昇，字本高，娶氏，生一子，夭。

士紳長子，世瑞，字伯禎，生於萬曆丙申，卒於順治丁亥，娶韓氏，生三子：廷問、廷封、廷鴻。

士紳次子，世珍，字仲玉，娶顧氏、蔡氏，生二子：廷信、廷憂。

士愉五子，世漸，字於遙，生於崇禎癸酉八月初六日，娶王氏，生三子：廷龍、廷鳳、廷鶴。

士純長子，世奇，字文常。

士紘子，世亮，字熙載，生於萬曆丁巳四月二十二日，卒於順治丙戌五月，平湖縣庠生，娶胡氏，無子，不嗣。

士怡長子，世皋，字虞謨，生於萬曆丙辰七月十九日，卒於康熙戊午二月日，松江府庠生，娶張氏，生二子：廷依、廷恃。

士怡次子，世夔，字大章，生於萬曆庚申十二月十八日，卒於康熙乙亥二月二十日，娶謝氏，生二子：廷闓、廷侃。

士怡三子，世尹，字商衡，生於崇禎己巳十月二十七日，娶氏，生一子。

士怡四子，世傳，字啟岩，生於崇禎癸酉二月初四日。

士怡五子，世旦，生於崇禎甲戌。

士荇子，世沖，字素履，生於萬曆丁酉二月初九日，卒於康熙乙卯七月十四日，娶居氏、吳氏，生一子廷球。

士芮五子〔註89〕，世豫，字敬南，生於萬曆癸卯七月二十三日，卒於康熙壬寅十月十四日，娶夏氏，無子，以世章長子廷休嗣。

士芮六子〔註90〕，世章，字華南，生於萬曆乙巳十一月十八日，卒於順治庚子五月初八日，娶徐氏，生四子：廷休，嗣世豫；廷侑；廷佚；廷儼。

士蓮長子，世鼎，字亞泉，生於萬曆丙申五月二十九日，卒於順治丙戌八月十四日，娶楊氏，生四子：廷佺、廷億、廷價、廷偓。

士蓮次子，世善，字恒甫，生於萬曆庚子三月十八日，卒於順治丙戌八月十四日，娶沈氏，生一子廷俠，字雲卿，不娶，無嗣。

士茂三子，世翰，字素行，一字雄飛，生於天啟壬戌六月二十八日，卒於康熙己丑十二月二十，享年八十有九，娶王氏、褚氏，生二子：廷超、廷翼。

士萊長子，世端，字君正，生於萬曆丙申閏八月十九日，卒於順治壬辰五

〔註89〕按：據前文，士芮僅二子：世豫、世章，此言「五子」及次言「六子」，皆誤。
　　　　應為長子、次子。

〔註90〕按：應為次子，說見上條腳注。

月十九日，娶朱氏，生一子廷倫。

士萊次子，世元，字首公，生於萬曆壬子十一月初十日，卒於康熙己未五月十七日，娶錢氏，生四子：廷萱、廷莢、廷蓀、廷苛。

士董長子，世禮，字啟辛，生於萬曆辛亥八月二十五日，卒於順治戊戌二月初七日，娶謝氏、邵氏，生三子：廷琳；廷珙；廷璣，字璿叔，娶王氏，生子弘純，夭，不嗣。

世〔註91〕董次子，世禓，字三英，生於崇禎庚午正月初五日，卒於康熙乙巳七月十五日，娶褚氏，生二子：廷泌；廷璋，字斌式，娶沈氏，生一子，夭，不嗣。

士莪子，世矜，生於崇禎甲申。

第十二世

世雅子，廷璠，字思梅，生於萬曆庚戌五月初八日，卒於康熙辛酉三月，娶倪氏、汪氏，生三子：弘毅，字茂生，無子不傳；弘江；弘海。

世權次子，廷瑚，字公選，生於天啟甲子八月十七日，卒於康熙癸亥十一月十五日，娶王氏，生一子弘宗。

世俊子，廷琯，字君英，生於崇禎戊辰八月十四日，卒於康熙丁卯五月二十一日，娶王氏，生二子：弘麒、弘麟。

世曜長子，廷珠，字元明，生於順治丁亥八月初一日，娶何氏，生一子弘濬〔註92〕。

世曜次子，廷玕。

世揚長子，廷雯，字彬容，生於萬曆庚申十月二十一日，卒於康熙癸亥二月十六日，娶干氏，生三子：弘元；弘良；弘信。

世揚次子，廷相，字賓儒，生於崇禎戊辰八月二十一日，娶錢氏，生一子弘仁。

世擇子，廷瑜，生於順治己丑八月十八日。

世儀子，之琦，字碧生，生於萬曆甲寅九月二十三日，卒於康熙乙巳正月初八日，平湖縣庠生，娶林氏、陸氏，生二子：弘心，夭，不傳；弘補。

世倬長子，廷珍，字席伯，生於崇禎庚午三月初七日，卒於康熙戊午十月二十四日，娶陶氏，生四子：弘鎬；弘銓，字公衡，娶王氏，無子，不嗣；弘

〔註91〕按：當作「士」。
〔註92〕原文小字注：住新行河西之心安街內。

鍔；弘〔註93〕，字季陶，娶王氏，無子，不傳。

世倬次子，廷璿，字璣仲，生於崇禎壬申三月二十二日，卒於康熙庚申九月初十日，娶李氏，生四子：弘韜、弘揚、弘略、弘昌。

世佶長子，廷瑞，字祥甫，生於天啟乙丑十月十六日，卒於康熙庚辰十月初九日，娶張氏，生四子：弘元，字君錄，娶潘氏，生一子廣冠，夭，不嗣；弘魁；弘德；弘祉，字介繁，娶陸氏，無子。

世佶次子，廷瑜，字聖扶，生於崇禎戊寅六月初九日，卒於康熙丁亥正月初八日，娶顧氏，生一子弘鍾，字憲候，又字書臣，娶周氏，無子，不傳。

世科子，廷珣，字琬生，生於順〔註94〕丁亥七月二十八日，卒於康熙己卯三月初七日，娶朱氏，生二子：弘基、弘祚。

世穆子，之璹，字琳如，生於順治丁亥六月初八日，卒於康熙甲申，娶方氏，生三子：弘典；弘堯，字虞銘；弘舜，俱不傳。

世豐長子，廷誥，字子思，生於天啟癸亥十一月十一日，卒於康熙戊午九月初一日，娶楊氏、錢氏〔註95〕，生二子：弘慶、弘澤。

世豐次子，廷謨，字子城，生於崇禎戊辰八月十九日，卒於康熙己未十一月十一日，娶楊氏，生三子：弘毅；弘德；弘純，字尚珍，住廣富林北羊河宅，娶氏，無子，不嗣。

世豐三子，廷〔註96〕，字雲亭，生於崇禎癸酉五月二十七日，娶金氏，生二子。

世雋長子，廷軾，字武瞻，生於崇禎己巳二月十八日，卒於康熙丙子三月，娶張氏、沈氏，生四子：弘苣；弘定；弘正；弘嗣，嗣廷轍。

世雋次子，廷轍，字步穎，生於崇禎庚午三月十三日，卒於康熙丁丑七月二十七日，娶顧氏，無子，以廷軾第四子弘嗣為嗣。

世贊長子，廷評，字明宰，生於天啟丙寅八月初六日，娶沈氏，無子，以廷謙次子弘量為嗣。

世贊次子，廷謙，字子文，生於崇禎己巳正月二十五日，卒於康熙丁亥四月十二日，娶唐氏，生四子：弘鸞；弘量，嗣廷評；弘志；弘進。

〔註93〕「弘」後空白。
〔註94〕按：當為「順治」，脫「治」字。
〔註95〕小字注：一云王氏。
〔註96〕「廷」後空白。

世贄三子，廷論，字從先，生於崇禎癸酉禮樂二十五日，卒於康熙甲子四月二十一日，娶周氏，生二子：弘純、弘紹。

世哲長子，廷爵，字伯章，生於天啟辛酉正月十八日，卒於順治癸巳九月，娶蕭氏，生一子弘傑。

世哲次子，廷召，字明敷，生於天啟癸亥十二月二十二日，娶朱氏，生二子：弘燦；弘煥，嗣廷宣。

世寧繼子，廷宣，字宸敷，生於天啟丙寅九月初九日，娶顧氏、張氏，無子，以廷召次子弘煥嗣。

世揚長子，廷瑚，字公升，生於崇禎己巳正月二十六日，卒於康熙戊辰九月初九日，娶彭氏，生二子：弘道、弘濤。

世揚次子，廷璉，生於崇禎辛巳。

世臣長子，廷舒，字左皇，生於天啟乙丑二月初三日，卒於康熙，享年八十有[註97]，娶周氏，生二子：弘曾、弘基。

世臣次子，廷劼，字頌蜇，生於天啟丙寅閏六月二十二日，卒於康熙癸未正月廿四日，娶王氏，生一子弘進。

世臣四子，廷圭，字白生，生於崇禎戊辰三月初四日，卒於康熙己巳六月初一日，娶褚氏、任氏，生三子：弘鏡；弘籙；弘篇，字佩金，未娶，早卒。

世善長子，廷相，字古堂，生於崇禎丁丑十二月十七日，娶徐氏，生二子：弘陞、弘陛。

世瑞長子，廷問，字元英，生於萬曆己未三月十三日，卒於康熙己巳八月十九日，娶王氏，生二子：弘晉、弘定。

世瑞次子，廷封，字仲生，生於天啟癸亥九月初九日，卒於康熙庚午二月十七日，娶沈氏，生一子弘嵩。

世瑞三子，廷鴻，字子余，生於崇禎庚午十月初九日，卒於康熙丙申十一月十九日，享年八十有六，娶包氏，生二子：弘[註98]，字天一，娶氏，無子，早卒；弘來。

世珍長子，廷信，字伯誠。

世珍次子，廷憂，字君英。

世漸長子，廷龍，字鳴山，生於順治戊戌八月十二日，娶陸氏、唐氏，生

〔註97〕「有」後空白，數字詞脫。
〔註98〕按：「弘」後缺字，名不全，據字「天一」，疑脫「乾」字。

一子弘組。

世漸次子，廷鳳，字岐山，生於順治辛丑六月二十二日，卒於康熙庚寅六月二十二日，娶沈氏、莊氏，繼一子弘義。

世漸三子，廷鶴，字敬山，生於康熙壬子正月初一日，娶諸氏。

世皋長子，廷依，字伊蒿，生於順治丁亥七月十二日，娶張氏，生三子。

世皋次子，廷恃，字爰蒿，生於順治戊子九月初五日，卒於康熙丁亥十月十七日，娶氏，生一子弘慶，住東新浜。

世夔長子，廷閭，字尚猷，生於順治乙酉三月初十日，娶施氏。

世夔次子，廷侃，字正猷，生於順治丁亥八月初八日，娶蔡氏，生二子：弘識、弘諫。

世沖子，廷球，字爾功，生於崇禎癸酉九月二十七日，卒於康熙庚寅九月十一日，蘆瀝場掾吏考授府知事，娶錢氏，生四子：弘忠、弘孝、弘節、弘義。

世豫嗣子，廷休，字集南，又字子泉，生於崇禎庚辰正月二十六日，娶彭氏，生一子弘盛。

世章次子，廷侑，字集生，又字子殷，生於崇禎庚午九月十四日，娶顧子〔註99〕，生一子弘美。

世章三子，廷侁，字集甫，又字子儀，生於崇禎甲申十月二十三日，卒於康熙丁卯，娶文氏，生一子弘昌。

世章四子，廷儼，字集枝，又字子駿，生於順治戊子十二月初十日，娶氏。

世鼎長子，廷佺，字太青，一字子仙，生於天啟丁卯正月十四日，娶俞氏，生一子弘猷。

世鼎次子，廷億，字太白，生於崇禎癸酉六月初一日，卒於康熙己巳，娶黃氏，無子，以廷價次子弘祺嗣，弘祺娶任氏，無子，不傳。

世鼎三子，廷價，字太元，生於崇禎丙子十二月初四日，卒於康熙辛未十二月二十八日，娶湯氏，生三子：弘德；弘祺，嗣廷億；弘仁。

世鼎四子，廷偓，字太園，生於順治乙酉十一月二十八日，卒於康熙己丑十月二十六日，娶董氏，生三子：弘琦、弘議、弘剛。

世翰長子，廷超，字裴銓，生於順治己亥四月十一日，卒於康熙庚午四月初四日，娶郭氏，生二子：弘昌，不娶，無傳；弘麗，嗣廷翼。

世翰次子，廷翼，字浩成，生於康熙乙巳五月十五日，娶曹氏，無子，以

〔註99〕按：應為顧氏。

廷超次子弘麗嗣。

世端子，廷倫，字子尊，生於萬曆庚申九月二十一日，卒於康熙己卯十月十六日，享年八十，娶莊氏、陸氏，生一子弘昇。

世元長子，廷萱，字瑞生，生於崇禎辛巳十月初十日。

世元次子，廷莢，字子立，生於順治辛卯正月十三日，卒於康熙癸巳五月二十五日，娶朱氏，生三子：弘達、弘龍、弘鳳。

世元三子，廷蓀，字祥卿，生於順治乙未九月二十六日，娶戚氏，生一子弘求。

世元四子，廷荷，字彩生，生於康熙甲辰八月初二日。

世禮長子，廷琳，字美生，生於崇禎丁丑八月初六日，卒於康熙戊子六月二十六日，娶陸氏，生二子：弘道，字玉文，夭亡；弘毅。

世禮次子，廷珙，字遇燕，生於崇禎辛丑五月初四日，卒於康熙，娶周氏，生二子：弘登、弘魁。

世褉長子，廷珌，字彬生，生於順治辛卯十月十九日，卒於康熙丁亥八月十一日，娶王氏，生一子弘法。

第十三世

廷璠次子，弘江，字永波，生於順治己丑十二月初七日，徙居淨相寺東南港內，娶戴氏，生二子：廣松，出家嘉善三里庵，釋號心成；廣柏，出家小新行，釋號慧光。

弘〔註100〕璠三子，弘海，字漢公，生於順治乙未十二月初四日，住居同上，娶王氏。

廷瑚子，弘宗，字勝公，生於順治戊戌六月初四日，住淨相寺東北里餘，地名西高村，娶曹氏，生三子：廣學、廣仕、廣宦。

廷琯長子，弘麒，字伯文，生於康熙壬寅十一月二十九日，住居同上，娶陸氏，生一子廣豪。

廷琯次子，弘麟，字仲賢，生於康熙己酉二月初六日，住居同上，娶朱氏，生一子廣乾。

廷珠子，弘濬，字濟陰，生於康熙甲子十月二十六日，娶沈氏，生一子培嗣。

廷雯長子，弘元，字浩生，生於順治丙戌十一月初五日，卒於康熙庚午六

〔註100〕按：當為「廷」。

月十四日，娶蔣氏，生二子：廣瑞、廣珮。

廷雯次子，弘良，字茂生，生於順治癸巳二月二十八日，娶張氏。

廷雯三子，弘信，字惠生，生於康熙乙巳九月十九日。

廷相子，弘仁，字以春，生於順治癸巳二月初八日，娶石氏，生一子廣通。

之琦子，弘補，字江潢。

廷珍長子，弘鎬，字武京，生於順治甲午十一月十七日，卒於康熙乙酉八月十七日，娶包氏，生一子培霖。

廷璿長子，弘韜，字雲龍，生於順治辛丑三月初二日，卒於康熙乙未二月十五日，不娶，以弘昌長子培鶴嗣。

廷璿次子，弘揚，字允龍，生於康熙甲辰六月十四日，卒於丁酉十月初一日，娶周氏，生一子廣培。

廷璿三子，弘略，字武英，生於康熙己酉十二月初八日。

廷璿四子，弘昌，字德成，生於康熙戊午七月十四日，娶王氏、陳氏，生四子：培鶴，嗣弘韜；培鳳；培龍；培虎。

廷瑞長子，弘元，字君錄，生於順治乙酉十月十六日，娶潘氏，生一子廣冠，早卒，不傳。

廷瑞次子，弘魁，字仲文，生於順治庚寅十月十九日，卒於康熙丙申四月初七日，娶楊氏，生四子：廣茂；廣成；廣康，早卒；廣寧。

廷瑞三子，弘德，字書文，生於順治己亥四月初四日，卒於雍正癸卯九月十六日，娶袁氏，生七子：廣榮、廣華、廣達、廣仁、廣忠、廣正、廣祥。

廷瑜子，弘鍾，字憲候，又字書臣，生於康熙己酉七月二十二日，娶周氏，無子。

廷珣長子，弘基，字武臣，生於康熙己酉七月二十三日，卒於甲申十月初九日，娶奚氏，生二子：出繼奚姓〔註101〕；廣顯。

廷珣次子，弘祚，字紹衣，生於康熙辛酉十一月十二日。

之璿子，弘典，字虞書，生於康熙辛酉八月十三日，娶氏，生一子，出外，無蹤。

廷誥長子，弘慶，字祥生，生於順治乙未八月初九日，娶陳氏，生二子：廣裕、廣彬。

廷誥次子，弘澤，字瑞生，生於康熙壬寅九月二十日，娶顧氏，生一子廣

〔註101〕按：長子名未載，僅登載出繼奚姓。

仕。

廷謨長子，弘毅，字伯卿，生於順治丙申九月二十八日，娶汪氏，生〔註102〕無子。

廷謨次子，弘德，字佐明，又字幼明，生於康熙乙巳五月初一日，娶王氏，無子。

廷謨三子，弘仁，字尚珍，生於康熙戊申五月三十日，娶張氏，無子。

廷軾長子，弘芑，字書三，生於順治戊戌八月二十三日，卒於康熙丁卯三月初四日，娶陳氏，生二子：廣仁，嗣弘定；廣義。

廷軾次子，弘定，字靜芳，生於順治辛丑七月二十二日，卒於康熙戊子十月二十二日，娶沈氏，無子，以弘芑長子廣仁嗣。

廷軾三子，弘正，字靜公，生於康熙丙午十月十二日，娶褚氏，生三子：廣禮、廣智、廣信。

廷轍嗣子，弘似，字永錫，生於康熙己酉九月十三日，娶朱氏、黃氏，生二子：廣炳、廣成。

廷評嗣子，弘量，字遠升，生於順治戊戌四月二十一日，娶陳氏，生三子：廣儒、廣問、廣求。

廷謙長子，弘鸞，字晉升，生於順治癸巳閏六月初三日，卒於康熙丙戌二月初十日，娶顧氏，生一子廣奕。

廷謙三子，弘志，字玉生，生於順治辛丑七月初八日，娶倪氏，嗣廣欽。

廷謙四子，弘進，字愷生，生於康熙丙午二月二十八日，娶王氏，生二子：廣欽、廣鎬。

廷論長子，弘紹，字開初，生於康熙乙巳十一月二十日，遣發陝西咸寧縣為民，娶曹氏，生三子：廣迪、廣延、廣元。

廷論次子，弘純，字遂初，生於康熙丙辰九月，娶薛氏，生三子：廣煥、廣煒、廣焜。

廷爵子，弘傑，字仲芳，生於順治庚寅二月二十三日，娶彭氏，生一子廣昌。

廷召長子，弘燦，字日昇，生於順治戊子十月十九日，娶俞氏，生二子：廣章、廣新。

廷宣嗣子，弘煥，字東昇，生於康熙癸卯十二月十三日，娶彭氏，生四子：

〔註102〕按：「生」字衍。

廣修、廣才、廣學、廣瑞。

廷瑚長子，弘道，字非遠，生於順治辛卯二月初九日，卒於康熙癸卯三月十五日，娶陳氏，生四子：廣譽、廣恭、廣敏、廣聲。

廷瑚次子，弘濤，字商舟，生於康熙丁未五月二十二日，青浦縣庠生，娶張氏，生二子：培典、培俊。

廷舒長子，弘曾，字淡遠，生於順治丁亥十一月日，娶張氏，生二子：廣行、廣忠。

廷舒次子，弘瑾，字嘉賓，生於順治癸巳十一月，卒於雍正甲辰八月初五日，娶沈氏，生二子：廣福、廣名。

廷岙子，弘進，字成山，生於順治辛丑正月二十三日，卒於康熙辛巳十一月二十六日，平湖縣庠生，娶沈氏、王氏、張氏，生一子廣泰。張氏守寡至三十二，載於雍正十年十月李督撫具呈，御覽，恩准，命入《浙江省志‧嘉興平湖縣列女門》，褒詞「張氏，生員姚弘進妻，早年夫亡，柏舟自守，躬勤紡績，艱辛百倍，撫子廣泰讀書成立，列於成均，冰節霜操，閭里咸推重焉，進呈。乾隆元年十一月，又蒙皇命頒給恩旌壽俸。」

廷圭長子，弘鏡，字元鑒，生於順治乙未十二月十八日，卒於康熙壬寅正月十三日，娶楊氏，側室毛氏，無子，以弘鏷次子廣洪嗣。

廷圭次子，弘鏷，字丹書，生於順治辛丑八月初十日，卒於雍正戊申九月三十日，娶何氏、于氏，生二子：廣洛、廣洪。

廷相長子，弘陞，生於順治戊戌七月十七日。

廷相次子，弘陛，字君升，生於順治辛丑閏七月二十五日，娶夏氏。

廷問長子，弘晉，字子升，生於順治丙申十一月初三日，娶陶氏，生二子：廣元、廣亨。

廷問次子，弘定，生於順治辛丑三月十三日，娶陳氏，生二子：廣利、廣貞。

廷封子，弘嵩，字純一，生於順治辛丑十二月二十二日，娶潘氏，生一子廣鯨。

廷鴻三子，弘來，字有功，生於順治辛丑六月初十日，娶盛氏，生二子：長，夭；泰觀。

廷龍子，弘組，字不遠，生於康熙乙卯五月二十八日，娶張氏，生子。

廷依長子，弘志，字公略，生於康熙戊午二月初五日，娶薛氏。

廷依次子，弘福，字憲瑞，生於康熙乙丑三月二十五日。

廷依三子，弘昌，字憲祥，生於康熙辛未又〔註103〕七月十一日，卒於康熙丁酉正月十六日，娶楊氏，生一子廣齡。

廷恃子，弘慶，字北楊，生於康熙乙丑十月二十九日。

廷侃長子，弘識，字輔英，生於康熙壬子二月二十九日，娶莊氏，生四子：廣偉、廣信、廣仁、廣伸。

廷侃次子，弘諫，字鶴山，生於康熙癸亥二月二十六日。

廷球長子，弘忠，字若生，生於順治乙未六月二十九日，卒於康熙癸酉七月初八日，娶宋氏，生二子：廣治、廣澄。

廷球次子，弘孝，字若田，生於順治己亥二月十三日，娶張氏，生三子：廣濟、廣淵、廣淇。

廷秋三子，弘節，字若奇，生於康熙庚戌六月二十五日，娶馬氏，生一子廣源。

廷球四子，弘義，字若林，生於康熙丙辰八月初七日，娶何氏。

廷休子，弘盛，生於康熙戊辰。

廷侑子，弘美，字君亮，生於康熙甲辰。

廷侁子，弘昌。

廷佺子，弘猷，字君奇，生於順治壬辰十一月二十四日，卒於康熙戊辰十二月二十一日，娶衛氏，生二子：廣璜、廣宇。

廷億嗣子，弘祺，字舜卿，生於康熙甲辰閏九月初七日，娶任氏。

廷價長子，弘德，字舜臣，生於順治辛丑七月十七日，娶馮氏，生一子廣施。

廷價三子，弘仁，字舜敷，生於康熙丁未五月十六日，娶謝氏。

廷偓長子，弘琦，字純一，生於康熙丙辰二月十六日，卒於庚寅二月十三日，娶蔡氏，生一子廣成。

廷偓次子，弘議，字仲明，生於康熙己未六月初九日，娶沈氏、俞氏。

廷偓三子，弘剛，字仲華，生於康熙戊辰十一月十九日，娶楊氏，生一子廣恒。

廷超次子，弘麗，字藻雲，生於康熙庚午正月初七日，娶莊氏，生一子培心。

〔註103〕按：依前後體例，「又」字衍文。

廷倫子，弘昇，字君發，生於順治丁亥十二月二十日，娶唐氏、張氏，生一子廣汶。

廷莢長子，弘達，字文彬，生於康熙庚申正月二十八日，娶宋氏，生二子：廣禎、廣祥。

廷莢次子，弘龍，字文開，生於康熙戊辰六月十六日，娶李氏。

廷莢三子，弘鳳，字文淵，生於康熙辛未九月二十九日。

廷蒜子，弘求，字新如，生於康熙壬戌，娶何氏，生二子：廣文、廣昌。

廷琳長子，弘毅，字茂功，生於康熙辛丑六月二十六日，娶陶氏，生一子廣耀。

廷琪長子，弘登，字丕文，生於康熙辛巳，卒於雍正癸卯，娶錢氏、陶氏，無子，以弘魁子廣揚嗣。

廷琪次子，弘魁，字殿英，娶氏，生二子：廣揚、廣振。

廷玜子，弘法，字開三，生於康熙丙辰十月初六日。

第十四世

弘宗次子，廣仕，字以信，生於康熙丙寅十二月十七日。

弘宗三子，廣宦，字書傳，生於康熙庚午二月十一日。

弘麒子，廣豪，字甫仁，生於康熙壬申七月初九日，娶李氏，生二子：光元、光桂。

弘麟子，廣乾，字天一，生於康熙戊戌正月二十四日。

弘元長子，廣瑞，字霞見，生於康熙辛亥二月初一日。

弘元次子，廣珮，字玉亭，生於康熙戊午七月十七日。

弘仁子，廣通，字運文。

弘鎬子，培林，字繡三，生於康熙己卯十二月二十日，娶俞氏，生一子光瑩。

弘韜嗣子，培鶴，字靖山，生於康熙辛卯三月十四日。

弘楊子，廣培，字惠臣，生於康熙己卯三月二十五日。

弘昌次子，培鳳，字虞亭，生於康熙壬辰正月初二日。

弘昌三子，培龍，字九思，生於康熙甲午二月初二日。

弘昌四子，培虎，字在鎬，生於康熙丙申五月十九日。

弘魁長子，廣茂，字公美，生於康熙乙丑十一月十一日，娶王氏，生一子光源。

　　弘魁次子，廣成，字信仁，生於康熙己巳五月初二日，娶吳氏，生一子光發。

　　弘魁四子，廣寧，字公安，生於康熙癸酉正月二十三日，娶金氏。

　　弘德長子，廣榮，字公亮，生於康熙甲戌十月二十四日，娶陳氏。

　　弘德次子，廣華，字公顯，生於康熙丙子十二月十四日，娶陸氏。

　　弘德三子，廣達，字德修，生於康熙己卯九月十七日。

　　弘德四子，廣仁，字公遠，生於康熙壬午八月初十日。

　　弘德五子，廣忠，字有良，生於康熙乙酉六月十四日。

　　弘德六子，廣正，字念修，生於康熙戊子三月初六日。

　　弘德七子，廣祥，字聖麟，生於康熙甲午五月初七日。

　　弘濬子，培嗣，字樂昌，生於康熙庚子三月二十一日。

　　弘慶長子，廣裕，字永豐，生於康熙戊辰八月二十四日。

　　弘慶次子，廣彬，字德如，生於康熙癸酉十月初十日。

　　弘澤子，廣仕，字遺授，生於康熙癸酉九月二十日。

　　弘□長子，生於康熙。

　　弘莒次子，廣義，字鎬古，生於康熙辛酉，卒於辛丑七月初七日，娶馬氏，生一子光學，嗣廣仁。

　　弘定嗣子，廣仁，字鎬京，生於康熙己未十月初一日，娶吳氏，無子，以廣義子光學嗣。

　　弘正長子，廣禮，字大周，生於康熙庚辰正月二十日，娶杜氏。

　　弘正次子，廣智，字大中，生於康熙壬午十月二十五日。

　　弘正三子，廣信，字大成，生於康熙乙酉三月二十三日。

　　弘嗣長子，廣炳，字誠元，生於康熙辛丑八月十八日。

　　弘嗣次子，廣成，字軼群，生於雍正甲辰九月二十二日。

　　弘量長子，廣儒，字學為，生於康熙辛酉八月十九日，娶葉氏。

　　弘量次子，廣問，字得三，生於康熙乙酉三月二十五日，娶氏，生一子光麟。

　　弘量三子，廣求，字丹成，生於康熙己巳四月廿六日，娶沈氏，生一子光善。

　　弘鸞子，廣奕，字晴岩，生於康熙乙丑八月初一日，娶顧氏，生二子：光德、光祖。

弘紹長子，廣迪，字禹吉，生於康熙己巳六月初八日，娶周氏。

弘紹次子，廣延，字堯章，生於康熙辛未九月二十三日，娶屠氏，生二子：光詳、光訓。

弘傑子，廣昌，字有生，生於康熙戊辰五月二十八日，娶張氏，生二子：光耀、光祖。

弘燦長子，廣章，生於康熙丁巳八月初一日。

弘燦次子，廣新，字宏書，生於康熙乙丑二月二十七日。

弘煥子，廣修，字惠公，生於康熙乙丑三月二十日，娶張氏，生一子光輝。

弘道長子，廣譽，字斯容，生於康熙辛亥十二月二十一日，娶陶氏，生三子：光被、光昌、光勳。

弘道次子，廣恭，字遜亭，生於康熙甲寅九月十六日，娶張氏，生二子：光性、光錫。

弘道三子，廣敏，字有功，生於康熙庚申十月十三日，娶葉氏，生一子光天。

弘道四子，廣聲，字於天，生於康熙癸亥九月二十五日，娶黃氏，生三子：光顯、光明、光智。

弘濤長子，培典，字揆時，生於康熙辛巳十月二十八日，娶沈氏。

弘濤次子，培俊，字迪人，生於康熙戊子四月十八日。

弘曾長子，廣行，字健庵，生於康熙丁卯二月二十二日。

弘曾次子，廣忠，字國柱。

弘基長子，廣福，字自求，生於康熙癸亥七月二十一日，娶周氏，生三子：光裕、光培、光諏。

弘基次子，廣名，字瞻成，生於康熙己巳七月初七日，娶沈氏，生二子：光禮、光祉。

弘進子，廣泰，字彙徵，生於康熙庚午正月二十七日，平湖縣例監生，娶張氏、馬氏，生一子陛英。

弘鏡嗣子，廣洪，字德瞻，生於康熙辛未十月十七日，娶沈氏，生一子光榮。

弘鑅長子，廣洪，字祥河，生於康熙戊辰九月初四日。

弘晉長子，廣元，字英殿，生於康熙丙辰四月十七日，娶氏，生一子光照。

弘晉次子，廣亨，生於康熙丙寅八月十一日。

弘定長子，廣利，字義山，生於康熙乙丑十月初四日。

弘定次子，廣貞，生於康熙壬申四月十七日。

弘嵩子，廣鯨，生於康熙己巳三月十六日。

弘忠子，廣治，字憲卿，生於康熙。

弘識子，廣偉，字方來，生於康熙乙亥八月十九日，娶王氏，生一子光琦。

弘忠子，廣澄，字憲純，生於康熙己巳十一月二十一日，娶陳氏，生一子光魁。

弘孝長子，廣濟，字憲彰，生於康熙辛酉正月十六日，娶王氏，生一子光恒。

弘孝次子，廣淵，字魯賢，生於康熙丁卯九月十九日，娶陳氏，生一子光集。

弘孝三子，廣淇，字御篁，生於康熙戊辰十二月十八日，娶錢氏，生一子光青。

弘節子，廣源，字獻雲，生於康熙壬申七月初一日，娶張氏。

弘猷長子，廣璜，字光生，生於康熙己未四月十六日，卒於壬辰。

弘猷次子，廣宇，字思椿，生於康熙丁卯四月十六日，娶陳氏，生二子：光彩、光華。

弘德子，廣施，字坤陽，生於康熙丙子五月二十九日。

弘琦子，廣成，字信文，生於康熙甲申十二月初十日，娶唐氏。

弘剛子，廣恒，字善久，生於康熙丙申二月十一日。

弘昇子，廣汶，字晉明，生於康熙丁卯八月二十日，娶李氏。

弘達長子，廣禎，字孝思，生於康熙辛巳十二月日。

弘達次子，廣祥，字九思，生於康熙庚子十一月初一日。

弘煥次子，廣才，字元亮，生於康熙甲戌正月十三日，娶張氏。

弘煥三子，廣學，字惠元，生於康熙甲申十一月初五日。

弘煥四子，廣瑞，字長祥，生於康熙庚寅七月十九日，娶沈氏。

弘識次子，廣信，字天來，生於康熙丙戌十一月初十日。

弘識三子，廣仁，生於康熙甲午十月十四日。

弘識四子，廣伸，生於康熙戊戌二月十六日。

弘紹三子，廣元，字登山，生於康熙甲戌八月初五日，娶氏，生一子光照。

弘志嗣子，廣欽，生於康熙壬辰八月二十三日。

弘進次子，廣鎬，生於康熙丙申四月十二日。

弘昌子，廣齡，生於康熙己未二月十四日。

弘純長子，廣煥，字陶章，生於康熙辛巳十一月初六日，娶陸氏。

弘純次子，廣煒，生於康熙丙申三月十三日。

弘純三子，廣焜，生於康熙辛丑三月十四日。

弘登嗣子，廣揚，生於康熙。

弘魁次子，廣振，生於康熙。

弘毅子，廣輝，生於康熙乙酉九月初七日，娶倪氏。

弘麗子，培心，生於雍正癸卯五月二十七日。

弘義子，培光，字在明，生於康熙乙未十月十四日。

第十五世

廣豪長子，光元，字上賓，生於康熙丙申七月十七日。

廣豪次子，光桂，字丹山，生於康熙己亥八月二十二日。

廣茂子，光源，字長發，生於康熙辛丑十二月初四日。

廣成子，光發，字祥彬，生於康熙戊戌四月初三日。

廣義子，光學，字近文，生於康熙丙申十一月初十日。

廣求子，光善，生於康熙癸卯五月二十二日。

廣奕長子，光德。

廣奕次子，光祖。

廣延長子，光詳，生於康熙戊戌二月三十日。

廣延次子，光訓，生於雍正癸卯七月三十日。

廣修子，光輝，生於康熙壬寅八月初七日。

廣譽長子，光被，字文思，生於康熙癸酉九月十七日。

廣譽次子，光昌，字禹言，生於康熙丙子十一月初七日，娶胡氏。

廣譽三子，光勳，字欽文，生於康熙庚辰十二月十五日。

廣敏子，光天，字獻民，生於康熙甲午十一月初三日。

廣聲長子，光顯，生於康熙癸巳六月初八日。

廣聲次子，光明，生於康熙乙未十月初十日。

廣聲三子，光智，生於雍正癸卯三月初五日。

廣福長子，光裕，生於康熙甲申十一月十二日，娶何氏。

廣福次子，光培，生於康熙戊子正月二十一日。

廣福三子，光諏，生於康熙壬辰正月二十七日。

廣名長子，光禮，字文在，生於康熙庚子。

廣名次子，光祉，字德麟，生於雍正甲辰三月初六日。

廣泰子，陞英，字拜宸，生於康熙壬辰五月二十五日。

廣元子，光照，生於康熙壬寅九月十四日。

廣問子，光麟，字聖祥，生於雍正甲辰正月二十四日。

廣偉子，光琦，生於康熙戊戌五月十一日。

廣恭長子，光性，字綏猷，生於康熙丙戌十月十三日。

廣恭次子，光錫，生於康熙癸巳正月二十一日。

廣昌長子，光耀，生於康熙甲午四月二十七日。

廣昌次子，光祖，生於康熙丁酉九月十七日。

培琳子，光瑩，生於雍正甲辰二月二十九日。

廣宇長子，光彩，生於康熙壬辰。

廣宇次子，光華，生於康熙甲午。

廣澄子，光魁，字在文，生於康熙丙申九月初一日。

廣濟子，光恒，字益久，生於康熙戊子正月初八日。

廣淵子，光集，字佳木，生於康熙壬寅九月二十六日。

廣淇子，光青，字聚東，生於雍正甲辰三月十一日。

廣洪長子，光榮，生於雍正乙巳五月十七日。

《姚氏世譜》第五卷（南汀公支）

長房東橋公後怡善公第三子南汀公世系

第七世起，六世以前見卷首

第一世

南山公，秀一，合族世祖。

第二世

樸軒公，思敬，南山公子單傳。

第三世

東橋公，宗顯，樸軒公長子，是為長房之祖。

第四世

北湖公，琛，東橋公子單傳。

第五世

　　耕隱公，奇，北湖公子，公生三子，幼為怡善公。

第六世

　　怡善公，璋，耕隱公第三子，公生五子，第三子南汀公參，是卷所係，參之後也。

第七世

　　璋三子，參，字應辰，號南汀，生於成化丁酉正月十五日，卒於嘉靖己酉正月十一日，華亭縣庠生，入監，正德庚午科應天舉人，仕至北京工部都水司主事，以子籧貴，誥贈南京刑部郎中，娶李氏，敕贈安人，加贈宜人，生五子：籧、選、篇、簧、笁。

第八世

　　參長子，籧，字登之，又字希實，號龍津，生於弘治癸亥七月十五日，卒於隆慶辛未正月初二日，平湖縣學廩生，嘉靖辛卯科浙江舉人，仕至貴寧道簽事，以嗣孫士慎貴，誥贈南京太常寺卿，娶李氏，敕封宜人，誥贈太淑人，無子，以北田之孫體勤嗣。

　　參次子，選，字茂之，號龍淵，生卒年月無考。例貢生，娶戴氏，無子。

　　參三子，篇，字會之，號龍泉，行五，生卒年月無考，國學生，娶張氏，生一子體立。

　　參四子，簧，字成之，號龍山，行六，生於嘉靖乙未八月十六日，卒於萬曆癸未正月十八日，華亭縣庠生，嘉靖辛酉科應天舉人，娶馮氏、屠氏，生一子體文。

　　參五子，笁，字約之，號龍石，行七，生於嘉靖壬寅九月，卒於萬曆丁酉七月二十三日，華亭縣庠生，入監，嘉靖甲子科應天舉人，娶沈氏，無子，以中山之孫體仕嗣。

第九世

　　籧嗣子，體勤，字汝功，號少津，生於嘉靖丙午八月十八日，卒於天啟癸亥正月初五日，平湖縣庠生，入監，累封順天府府丞，晉贈南京太常寺卿，娶郁氏，累贈淑人；包氏，累封恭人，晉贈太淑人；側室崔氏，累贈淑人；顧氏，贈孺人；生六子：士恂、士慎、士恒、士恪、士忬、士惇。

　　篇子，體立，字汝行，號少泉，生於嘉靖乙巳，卒於萬曆癸酉，華亭縣庠生，入監，娶楊氏，生二子：士念、士愈。

　　簣子，體文，字汝觀，號元龍，生於嘉靖壬子十二月十六日，卒於萬曆庚子十一月初六日，國學生，娶戚氏，生一子士玄。

　　笕子，體仕，號如江，生於嘉靖丙申，卒於萬曆癸卯，平湖縣學增廣生，娶戴氏，生三子：士驤，不傳；士曇，字均仁，原名士祿，娶陳氏，無子，不嗣；士獅，字欽如，娶陸氏，無子，出家。

第十世

　　體勤長子，士怐，字伯如，生於萬曆丁丑七月十八日，卒於順治丙申十月初五日，享年八十，平湖縣庠生，入監，娶王氏、褚氏，生一子世晟。

　　體勤次子，士慎，字仲含，號岱芝，生於萬曆戊寅二月初三日，卒於崇禎丙子六月二十一日，平湖縣庠生，萬曆癸卯科浙江舉人，甲辰科進士，由翰林院庶吉士，仕至南京刑部尚書，賜祭葬，娶陳氏，累贈淑人，生一子世曙。

　　體勤三子，士恒，字叔永，號澹楠，生於萬曆乙酉五月初七日，卒於崇禎辛巳二月十七日，華亭縣庠生，萬曆戊午科應天舉人，天啟壬戌科進士，仕至北京掌京畿道監察御史，娶唐氏，封孺人，生三子：世冕、世晨、世昺。

　　體勤四子，士恪，字季寅，生於萬曆戊子正月初八日，卒於順治庚子三月初六日，華亭縣學歲貢生，授河南歸德府推官，娶張氏，生四子：世馨；世普；世春；世魯，嗣士忭。

　　體勤五子，士忭，字幼丞，生於萬曆己酉三月日，卒於崇禎戊辰九月初六日，錢塘縣庠生，娶李氏，無子，以士恪第四子世魯嗣。

　　體勤六子，士惇，字秉典，生於萬曆己未十一月，卒於順治乙酉八月十五日，平湖縣庠生，無子，不嗣。

　　體立長子，士念，字邦聖，號克齋，生於嘉靖辛亥，卒於天啟甲子，國學生，娶顧氏，生一子世雍。

　　體立次子，士愈，字邦奇，號復宇，生於嘉靖丙寅十月初六日，卒於萬曆丁巳十月初十日，國學生，娶陸氏、諸氏，生六子：世祚，字永錫，娶張氏；世後，字基仲，娶吳氏，俱無子，不嗣；世鼎；世鉉；世霖，字商三，娶凌氏，無子，不傳；世鼐，原名世琛。

　　體文子，德林，字康甫，一字隱候，生於隆慶壬申九月二十一日，卒於崇禎庚辰十二月十七日，原名士玄，華亭縣庠生，娶包氏、高氏，生三子：世谷；世秩，字爾敘，娶張氏；世穆，字子敬，娶王氏，俱無子，不嗣。

第十一世

士恂子，世晟，字西平，生於萬曆壬寅十一月初五日，卒於順治丁酉九月初六日，松江府庠生，娶徐氏、趙氏，生一子柱一。

士慎子，世曙，字彥深，生於萬曆庚申七月初一日，卒於順治己丑九月二十三日，平湖縣官〔註104〕蔭生，入松江府庠，順治戊子科江南舉人，娶杜氏、張氏、楊氏，無子，以世晟次子璟嗣。

士恒長子，世冕，字冠顛，生於萬曆癸卯二月二十八日，卒於順治丁酉七月二十九日，平湖縣庠生，入監，娶王氏，生二子：鷸、繩祖。

士恒次子，世晨，字如初，生於萬曆丙午十二月十九日，卒於康熙丙午八月十九日，嘉興府庠生，入監，娶陸氏，生三子：玠；璟，嗣世曙；璜，字文候，娶金氏，無子，不嗣。

士恒三子，世昺，字柔升，生於萬曆戊申三月初三日，卒於順治庚寅六月十九日，嘉興府庠生，入監，娶李氏，生五子：鋐、廷幹、廷澍、廷熺、廷堅。

士恪長子，世馨，字寧生，生於萬曆丁未七月十五日，卒於康熙乙丑十一月二十四日，平湖縣庠生，娶趙氏，生五子：廼，字子堅，娶趙氏，生一子夔，字龍友，出家平湖東林寺，釋名原一，號大方；廷賽，字有年，娶趙氏，生二子，夭；廷賓；廷賞，字用爵，出家平湖化城庵，釋名普淳，號法屏；廷貴。

士恪次子，世普，字公趙，生於萬曆戊申十二月十七日，卒於崇禎丙子五月初六日，平湖縣庠生，娶祝氏、張氏，生一子字〔註105〕鴻。

士恪三子，世春，字震生，生於萬曆庚戌七月初十日，卒於崇禎甲申十二月初三日，國學生，娶沈氏，無子，以世馨次子騰英嗣。

士忭嗣子，世魯，字敏旃，生於天啟乙丑八月初四日，卒於康熙己卯九月初日，華亭縣庠生，娶唐氏，生一子楫。

士念子，世雍，字清臣，行二，生於萬曆甲申十月二十三日，卒於順治丁酉二月三十日，娶陳氏、陸氏，生五子：廷皋，字虞卿，娶許氏，生子弘裘，字自公，娶馮氏，無子，不嗣；廷夔；廷，字彥嘉，娶朱氏，無子；廷颺；廷，字慶餘，娶湯氏，無子。

士愈三子，世鼎，改名世醒，字君調，生於萬曆丙申，卒於崇禎辛未，娶高氏、田氏，生二子：廷魁、廷寵。

〔註104〕按：縣官，當作「縣學」。
〔註105〕按：據「鴻」意，「字」疑為「宇」。

士愈四子，世鉉，字季玉，生於萬曆乙亥十一月，卒於崇禎己卯四月初三日，娶沈氏，生一子廷淳。

士愈六子，世鼎，字君和，生於萬曆丙午八月十九日，卒於康熙甲辰五月，娶蔣氏，生二子：廷瀛，字閬仙，不娶，早卒；廷洲。

德林長子，世谷，字爾貽，生於萬曆庚子十二月初九日，卒於康熙，平湖縣庠生，娶張氏、陸氏，生三子：廷璉、廷璲、廷璵。

第十二世

世晟子，柱一，字明卿，生於崇禎壬午正月十八日，卒於康熙癸卯八月初二日，松江府庠生，娶金氏，無子，不嗣。

世曙嗣子，璟，字凝遠，生於崇禎辛未六月十三日，卒於康熙戊寅五月十四日，平湖縣庠生，娶陸氏，生二子：之元，字又辛，娶沈氏，無子，卒；之愷，不傳。

世冕長子，鵠，字子栴，生於天啟甲子五月二十五日，卒於康熙丁未四月，松江府庠生，娶錢氏，無子，以繩祖長子長庚嗣。

世冕次子，繩祖，字燕貽，生於順治丙戌三月十三日，卒於雍正甲辰八月十一日，娶程氏，生二子：長庚，嗣鵠；方啟。

世晨長子，玠，字子璧，生於崇禎庚午六月十八日，卒於康熙丙子九月，海鹽縣庠生，善書畫，兼明數學，娶陸氏、戈氏、張氏，生一子林貞。

世昺長子，鋐，字鳴遠，生於崇禎丙子二月十七日，卒於康熙丙子十一月，嘉興府庠生，娶張氏、陶氏，生三子：弘祚、弘祐、弘忠。

世昺次子，廷幹，字千英，生於崇禎丁丑二月十七日，卒於康熙丁丑二月，娶張氏，生一子曾緒。

世昺三子，廷澍，字蒼霖，生於崇禎己卯九月十七日，卒於康熙丁巳十月三十日，娶包氏，生二子：弘暄、弘皞。

世昺四子，廷熺，字雲章，生於崇禎壬午二月初八日，卒於康熙癸未四月二十一日，娶張氏，生一子弘輅。

世昺五子，廷墍，字聖清，生於崇禎甲申二月初一日，卒於康熙丙辰，娶徐氏，生一子弘〔註106〕。

世馨四子〔註107〕，廷賓，字元復，生於崇禎辛巳四月十三日，娶曹氏，

〔註106〕按：「弘」後缺字。
〔註107〕按：據前文，廷賓應為第三子。

生一子弘虞。

世馨六子〔註108〕，廷貴，字敬上，生於康熙甲辰閏六月初八日。

世普子，字〔註109〕鴻，字燕思，生於崇禎癸酉七月二十二日，卒於康熙丁巳三月十九日，安吉州庠生，娶張氏，生一子懋曾。

世春嗣子，騰英，字雲士，生於崇禎辛未十一月初五日，卒於康熙，平湖縣學增廣生，娶沈氏，生四子：弘斌、弘奇、繩武、弘基。

世魯子，楫，字兩岩，生於順治甲午正月十八日，卒於康熙己亥二月初三日，金山衛學增廣生，娶唐氏，生一子尹。

世雍次子，廷夔，字遠公，生於萬曆戊申八月二十日，卒於康熙，娶陸氏，生二子：弘棨，字威倩，娶董氏，無子；弘梟。

世雍四子，廷颸，字國聲，生於萬曆己未閏五月初五日，嘉興府庠生，娶毛氏，生一子弘謨。

世鼎長子，廷魁，字元聲，生於萬曆丙辰六月初七日，卒於康熙乙卯五月二十八日，娶高氏、王氏，生二子：弘密、弘宰。

世鼎次子，廷寵，字英隨，生於崇禎戊辰正月十一日，娶田氏，生二子：弘信、弘順。

世鉉子，廷淳，字去浮，生於萬曆丙辰六月二十四日，卒於康熙壬申五月二十日，娶高氏，生一子弘樑，字斗南，娶徐氏，生子廣球，夭，不嗣。

世鼎次子，廷洲，字漢石，生於崇禎庚辰九月十七日，卒於康熙丁丑十二月初九日，娶氏，生二子：弘昌、弘泰。

世谷長子，廷璡，字子玉，生於天啟丙寅閏六月十一日，卒於順治甲午正月二十六日，平湖縣庠生，娶殷氏，生一子弘鎬。

世谷次子，廷璲，字子裘，生於順治丙戌十月二十日。

世谷三子，廷瑛，字子佩，生於順治乙未二月二十八日。

第十三世

嶠嗣子，庚宿，字照臨，生於康熙辛酉八月十四日，娶平氏，生三子：廣元、廣亨、廣利。

繩祖次子，方啟，字公旦，生於康熙乙卯六月初七日，娶方氏，生三子：廣仁、廣義、廣禮。

〔註108〕按：據前文，廷貴應為第五子。
〔註109〕按：疑為「宇」

玠子，林貞，字可中，生於康熙己未十月二十二日，出遊不返，娶殳氏，無子。

鉉長子，弘祚，字永思，生於順治丙申十月十二日，卒於康熙庚午八月十五日，娶莊氏，生一子廣德。

廷幹子，曾緒，字紹聞，生於康熙壬寅四月二十三日，娶葉氏，生二子：章綸、廣基。

廷澍長子，弘暟，字旭初，生於順治辛丑正月初二日，娶張氏，生一子坤一。

廷澍次子，弘皥，字景輝，生於康熙丙午十一月二十七日，娶張氏，生七子：廣球、廣瑜、廣恭、廣寬、廣信、廣敏、廣惠。

廷熺子，弘輅，字商起，生於順治辛丑八月二十九日，卒於康熙戊辰，金山衛庠生，娶宋氏，無子。

廷賓子，弘虞，字耕山，生於康熙癸卯四月二十三日，娶陸氏，無子，出家。

字鴻子，懋曾，字元林，生於順治戊戌十月二十七日，卒於康熙庚寅八月二十二日，娶張氏，生二子：祚發、祚祥。

騰英長子，弘斌，字宗文，生於順治己丑正月二十二日，娶陸氏，生二子：廣孝、廣衡。

騰英次子，弘奇，字奎文，生於順治己亥五月十三日，卒於康熙丙寅二月二十四日，平湖縣庠生，娶陸氏，生一子廣岳。

騰英三子，純武〔註110〕，字經文，生於康熙壬寅九月二十八日，平湖縣庠生，娶全氏，生一子廣仁。

騰英四子，弘基，字允文，生於康熙戊申二月二十一日，娶周氏，生一子廣誼。

楫子，尹，字起莘，生於康熙丙寅二月十五日，金山衛庠生，娶黃氏、王氏，生二子：培芝、培蘭。

廷夑次子，弘梟，字憲倩，生於崇禎壬申三月初三日，娶陸氏，生四子：廣汶、廣沂、廣湘、廣源〔註111〕。

廷颺子，弘謨，字啟宸，生於順治壬辰十一月二十日，卒於康熙甲子十一

〔註110〕按：據前文作「繩武」，據後文亦作「繩武」，此「純武」當誤。

〔註111〕原文小字注：住青蓮街東後人橋南陸家宅。

月十三日，娶張氏、柴氏、曹氏，生一子廣宣。

廷魁長子，弘密，生於崇禎己卯十二月二十日。

廷魁次子，弘宰，字巨客，生活與順治庚寅二月初六日。

廷寵長子，弘信，字聖甫，生於順治丙申正月十八日，娶宋氏。

廷寵次子，弘順，生於康熙己酉三月初四日，娶郭氏，生二子：培典、培謨。

廷洲長子，弘昌，字聖頌，生於康熙甲子十一月二十七日。

廷洲次子，弘泰，字聖瑞，生於康熙丙寅十二月二十四日，娶金氏，生二子：培榮、培耀。

廷璀子，弘鎬，字武成，生於順治己丑正月初七日，娶唐氏。

第十四世

庚宿長子，廣元，字賓文，生於康熙辛卯九月二十四日。

庚宿次子，廣亨，字虞天，生於康熙癸巳十一月十九日。

庚宿三子，廣利，字式君，生於康熙丙申七月三十日。

方啟長子，廣仁，字會清，生於康熙辛巳八月二十五日，娶魯氏。

方啟次子，廣義，字德一，生於康熙乙酉五月三十日，娶王氏。

方啟三子，廣禮，字綏萬，生於康熙甲午十二月初八日。

弘祜長子，廣德，字大成，生於康熙辛未九月二十六日，娶沈氏。

曾緒長子，章綸，字念音，生於康熙丁卯九月初三日，金山衛庠生，娶袁氏、章氏，生二子：光蘭、光桂。

曾緒次子，廣基，字維德，生於康熙辛未二月二十四日，娶何氏，生二子：光、光。

弘暟子，坤一，字長寧，生於康熙癸未十一月初九日，娶鄭氏。

弘皞長子，廣球，字雍獻，生於康熙癸未十月初四日，娶張氏。

弘皞次子，廣瑜，字介憶，生於康熙丙戌四月初一日。

弘皞三子，廣恭，字榮萬，生於康熙庚寅八月十四日。

弘皞四子，廣寬，字曰千，生於康熙癸巳四月十九日。

弘皞五子，廣信，字若百，生於康熙丙申七月十四日。

弘皞六子，廣敏，字穎十，生於康熙戊戌九月初五日。

弘皞七子，廣惠，字成一，生於康熙辛丑又六月初三日。

懋曾長子，祚發，字迪文，生於康熙乙丑三月十五日，娶陳氏、唐氏，生

三子：光元、光貞、光利。

懋曾次子，祚祥，字吉文，生於康熙丙寅十月二十日，娶張氏，生二子：光仁、光義。

弘斌長子，廣孝，生於康熙丁巳十月二十日。

弘斌次子，廣衡，生於康熙戊辰九月十一日。

弘奇子，廣岳，字峻於，生於康熙戊午十二月十八日，卒於壬寅正月二十三日，娶翁氏，生一子兆麟。

繩武子，廣仁，字寶林，生於康熙丙子十一月十四日，娶曹氏。

弘基子，廣誼，字廬琇，生於康熙壬申十一月十一日，娶韓氏。

尹長子，培功〔註112〕，字景元，生於康熙庚寅二月十一日，金山縣庠生。

尹次子，培藻，字芳新，生於康熙壬寅九月十五日，金山縣庠生，聘馬氏，未娶而亡，不嗣。

弘梟長子，廣汝，字其潤，生於順治戊戌二月初六日，卒於雍正甲辰正月二十日，娶葉氏，生二子：光國、光定。

弘梟次子，廣沂，字曾詠，生於康熙癸卯十二月二十日，卒於戊子正月初五日，娶湯氏。

弘梟三子，廣湘，字楚芬，生於康熙己酉十月二十日，娶金氏，生一子光慶。

弘梟四子，廣源，字湧濤，生於康熙甲寅正月十二日，卒於癸未十二月二十日，娶周氏，無子，不嗣。

弘謨子，廣宣，字令德，生於康熙甲子四月初一日，住小新行河東陸家宅，地名後人橋，娶徐氏，生二子：光能、光德。

弘順長子，培典，字堯年，生於八月初二日，娶田氏。

弘順次子，培謨，字理上，生於九月二十六日，娶金氏。

弘泰長子，培榮，字南蕃，生於康熙辛卯六月十二日，娶氏。

弘泰次子，培耀，字代宗，生於康熙己亥十月二十二日，娶氏生子。

第十五世

章綸長子，光蘭。

章綸次子，光桂。

〔註112〕按：據前文尹二子為「培芝、培蘭」，此處及次條記載與前文不同，不知何者為是。

祚發長子，光元，字聖章，生於康熙辛卯八月十三日。

祚發次子，光貞，字大章，生於康熙己未六月初二日。

祚發三子，光利，字舜章，生於雍正甲辰二月初一日。

祚祥長子，光仁，字端成，生於康熙丁酉十一月二十八日。

祚祥次子，光義，字哲成，生於雍正甲辰正月初二日。

廣岳子，兆麟，字佳趾，生於康熙乙未二月初四日。

廣汶長子，光國，字用賓，生於康熙辛未六月初九日，娶貴氏，生一子大悅。

廣汶次子，光定，字靜安，生於康熙辛巳八月二十五日，娶俞氏。

廣湘子，光慶，字靜余，生於康熙辛丑十二月二十四日，娶孔氏。

廣宣長子，光能，生於康熙癸未五月二十七日。

廣宣次子，光德，生於康熙丙戌二月十八日。

第十六世

光國子，大悅。

《姚氏世譜》第六卷（東野公支）

長房東橋公後怡善公第四子東野公世系

第七世起，六世以前見卷首

第一世

南山公，秀一，合族世祖。

第二世

樸軒公，思敬，南山公子單傳。

第三世

東橋公，宗顯，樸軒公長子，是為長房之祖。

第四世

北湖公，琛，東橋公子單傳。

第五世

耕隱公，奇，北湖公子，公生三子，幼為怡善公璋。

第六世

怡善公，璋，耕隱公第三子，公生五子，第四子東野公軫，是卷所係，軫之後也。

第七世

璋四子，軫，字應吳，號東野，生於成化戊戌，卒於嘉靖乙卯七月初八日。恩賜壽官，娶張氏、徐氏，生二子：策、笭。

第八世

軫長子，策，字獻之，號蒲江，生於弘治辛酉八月二十六日，卒於嘉靖丙辰二月十八日。娶許氏、郭氏，無子，以笭之長子體易嗣。

軫次子，笭，字聲之，號虛山，生於正德丙子五月初六日，卒於嘉靖乙卯七月初四日。平湖縣庠生，娶陸氏、楊氏〔註113〕，側室施氏，生二子：體易，嗣策；體修。

第九世

策嗣子，體易，字汝周，號悅江，生於嘉靖丁酉十月十九日，卒於萬曆戊戌七月十四日。娶徐氏，生三子：士鱉，字，娶氏生二子，夭不嗣；士鯉；士鯨。

笭次子，體修，字汝戀，號華山。生於嘉靖甲寅正月初九日，卒於萬曆甲寅三月十七日。國學生，娶王氏，側室張氏，生五子：士選、士逵、士遇、士邃、士遜。

第十世

體易次子，士鯉，字奉山，行五，生於嘉靖癸亥十二月初三日，卒於崇禎丁丑八月初五日。娶胡氏，生二子：世澄、世濬。

體易三子，士鯨，字邦在，號湛若，生於萬曆癸酉十月十九日，卒於崇禎己卯五月二十六日。娶鄭氏〔註114〕，生二子：世播；世掄，字君材，娶陳氏，無子，不嗣。

體修長子，士選，字元雋，生於隆慶壬申閏二月初九日，卒於崇禎壬午六月二十八日。華亭縣庠生，娶章氏，無子，以士遇長子世濂嗣。

體修次子，士逵，字仲達，生於萬曆癸酉二月二十七日，卒於順治己丑九月十四日。娶吳氏，生三子：世法，娶吳氏，無子，不嗣；世澤；世沐，字彥霱，娶謝氏、陳氏，無子，不嗣。

體修三子，士遇，字叔奇，生於萬曆丙子十一月十八日，卒於順治庚寅六月十八日。平湖縣庠生，娶沈氏〔註115〕，生三子：世濂，嗣士選；世涵；世溶。

〔註113〕原文小字注：享年八十有四。
〔註114〕原文小字注：享年八十。
〔註115〕原文小字注：享年八十有七。

體修四子，士鑾，字季玄，生於萬曆己卯六月二十八日，卒於順治甲午六月初七日。嘉興府庠生，娶張氏〔註116〕，生二子：世濟、世渼。

體修五子，士遜，字順候，生於萬曆辛卯八月十四日，卒於康熙辛亥十月十五日，享年八十有一，娶趙氏，生四子：世灝，字遠生，娶章氏；世洵，字小蘇，娶章氏；世潛，字孔昭，娶夏氏，俱無子，早卒；世滉。

第十一世

士鯉長子，世澄，字介許，生於萬曆乙酉八月初五日，卒於順治甲午。青浦縣庠生，娶金氏、孟氏，生三子：廷楫，字剡如，娶金氏，生子弘燮，無子；廷棹，字鼓如，娶金氏，無子，俱不嗣；廷桴。

士鯉次子，世溶，字仲開，生於萬曆辛卯五月，卒於天啟甲子六月十五日。娶許氏，生五子：廷棟；廷甲；廷樞，字天如，娶施氏，生一子，不傳；廷栱，字斗如，娶任氏，無子，出家白龍潭；廷楹，字丹如，娶陸氏、陶氏，無子，不嗣。

士鯨長子，世播，字君如，一字德夫，生於萬曆庚子三月初六日，娶沈氏，生二子：廷榕，廷柏。

士選嗣子，世濂，字嘉則，生於萬曆己亥二月初五日，卒於康熙。娶金氏、王氏，生四子：廷陛，字九上，娶郭氏，無子，不嗣；廷楠；廷梗；廷曜。

士逑子，世澤，字英夫，行二，生於萬曆庚子九月二十九日，卒於康熙。娶奚氏，生三子：廷枝，字玉林，娶張氏，無子，不嗣；廷桼；廷楫。

士遇次子，世涵，字步仙，生於萬曆乙巳十月初三日，卒於康熙丁未五月十七日。華亭縣庠生，娶章氏，生一子廷鼎。

士遇三子，世浴，字公蘭，生於萬曆丁未五月二十七日，卒於順治庚子四月三十日。婁縣庠生，娶干氏，生三子：聞武；廷森，字嵩生，娶顧氏、戈氏，生子弘儒，夭，不嗣；廷橐，夭，不嗣。

士鑾長子，世濟，字子美，生於萬曆己亥閏四月十七日，卒於順治庚子九月初八日，平湖縣庠生，娶高氏，生六子：廷梟，字林士，娶劉氏，無子，早卒；廷榮；廷柴；可權；廷集；廷霖。

士鑾次子，世渼，字觀濤，生於萬曆辛丑八月二十三日，卒於康熙丁未四月初十日。嘉興府庠生，娶金氏，生五子：廷聘、朝陽、廷柱、廷槙、之烋。

士遜子，世滉，字淇園，行四，生於崇禎己卯九月初五日，卒於康熙癸巳

〔註116〕原文小字注：享年八十有一。

二月二十三日。娶趙氏，生一子廷槎。

第十二世

世澄子，廷桴，字乘如，行三，生於萬曆甲寅，卒於康熙甲午。娶孟氏，生二子：弘薰、弘默。

世濬長子，廷棟，字隆如，生於萬曆壬子十一月十九日，卒於康熙丙寅十二月初一日。婁縣庠生，娶趙氏、喬氏，生三子：弘耀，字望之，未娶，夭；弘烺，字含之，娶戴氏，無子，不傳；弘孝。

世濬次子，廷甲，字采如，生於萬曆癸丑十二月十三日，卒於康熙。平湖縣庠生，娶湯氏，生五子：弘烈；弘照；弘然〔註117〕、弘煦，俱早卒；弘蒸，娶沈氏，無子，不傳。

世播長子，廷柏，字玉如，生於順治乙酉十二月十五日，卒於康熙乙亥九月初四日，娶楊氏，生四子：弘昌、弘昺、弘元、弘盛〔註118〕。

世播次子，廷榕，字心如，生於順治戊子十月初十日，娶潘氏，生四子：弘辰、弘晃、弘義、弘道。

世濂三子，廷楠，字丹木，生於崇禎丙子十月十八日，卒於康熙己巳二月初六日，娶張氏、陳氏，生二子：弘道；弘興，出家平湖化城庵，釋號胥徵。

世濂四子，廷梗，字楚木，生於順治辛卯正月二十三日，卒於康熙己未十一月，娶楊氏，生一子弘麃。

世濂六子，廷曜，字東臨，生於康熙丁未五月二十九日，娶裴氏、唐氏，生四子：弘議、弘禮、弘智、弘信。

世澤次子，廷桼，字奇文，生於崇禎庚午六月十九日，卒於康熙辛卯三月二十二日，娶張氏、夏氏，生二子：弘期、弘問。

世澤三子，廷楫，字一舟，生於崇禎庚午六月十九日，卒於康熙，娶任氏、金氏。

世涵子，廷鼎，字爕五，生於崇禎辛未七月十四日，卒於康熙丁巳十月初九日，婁縣庠生，娶諸氏，生五子：胡越；統虞；弘庠〔註119〕、弘輅〔註120〕，俱夭；弘超。

〔註117〕小字注：字雍言。
〔註118〕小字注：夭。
〔註119〕小字注：字宋臣。
〔註120〕小字注：字商文。

世浴子，聞武，字少亮，生於崇禎壬申十二月十九日，卒於康熙丙午八月二十二日，上海縣庠生，娶沈氏，生一子弘備，夭，不嗣。

世濟次子，廷榮，字扶生，一字枚吉，生於天啟辛酉六月初三日，卒於康熙戊午二月二十七日，平湖縣庠生，娶程氏、程氏，生二子：弘綱；弘紀，夭。

世濟三子，廷梁，字非木，生於天啟癸亥五月十三日，卒於康熙壬戌十月二十四日，娶周氏，生三子：弘緯；弘，夭；弘綸，嗣廷集。

世濟四子，可權，字鶴書，號匏園，生於天啟乙丑正月十九日，卒於康熙壬午六月二十七日。松江府庠生，原名廷匯，入平湖縣庠，敕封文林郎，翰林院編修，郡舉鄉飲大賓，娶朱氏，敕贈孺人，生三子：弘炯、弘燡、弘緒。

世濟五子，廷集，字爰止，生於崇禎己巳十一月二十五日，卒於康熙庚戌四月十七日，松江府庠生，娶陸氏，生三子，俱夭，以廷梁三子弘綸嗣。

世濟六子，廷霖，字雨蒼，生於崇禎壬申八月二十五日，卒於順治己亥十一月十七日，娶孫氏，苦節，撫孤候旌，生一子緝。

世渼長子，廷聘，字洲貢，生於天啟甲子四月十七日，卒於康熙戊午八月十二日，婁縣庠生，敕贈文林郎，內閣中書舍人，娶葉氏、陸氏、張氏，敕贈孺人，生一子弘度。

世渼次子，朝陽，字賓辰，一字旦兮，生於崇禎辛未十一月二十五日，卒於康熙癸亥閏六月初六日，婁縣貢生，候選知縣，原名旭陽，入松江府庠，娶張氏、金氏，生五子：弘遠、弘烈、弘業、弘翮、弘詔。

世渼四子，廷楨，字建公，生於崇禎戊寅五月十四日，卒於康熙甲戌十月十九日。婁縣例監生，娶黃氏，生二子：弘裕、弘祚。

世渼五子，之沬，字次襄，生於崇禎壬午二月十六日，卒於康熙戊午五月二十四日，平湖縣例監生，娶馬氏，生一子：弘綺。

世滉子，廷槎，字騫乘，生於康熙癸卯九月二十三日，娶倪氏、金氏，生一子弘品。

第十三世

廷柈長子，弘黯，字飭臣，生於順治庚辰，娶孟氏，生一子廣謙。

廷柈次子，弘默，生於康熙丙寅，娶陸氏，生一子廣。

廷棟長子，弘孝，字子常，生於順治丁酉十一月初二日，娶楊氏，生二子：一夭；一目疾，出家平湖，先娶氏生一子，贅平湖氏，生二子。

廷棟次子，弘耀，字望之，娶氏，生一子，小名二官，住朱坊橋。

廷甲長子，弘烈，字丕武，生於崇禎丁丑八月初十日，娶孫氏，生二子：廣巽，不娶，住杜家行渡船口；廣坎。

廷甲次子，弘照，字嚮明，生於崇禎癸未十二月初七日，娶吳氏，生二子：廣乾，字長臣，娶沈氏，無子，卒；廣坤。

廷栢長子，弘熠，字聖元，生於康熙己酉八月二十五日，娶朱氏，生一子廣仁。

廷栢次子，弘昺，字聖祥，生於康熙癸丑十二月二十三日，娶陸氏，生二子：廣義、廣信。

廷栢四子，弘元，字聖甫，生於康熙戊辰十一月二十九日，娶沈氏。

廷榕長子，弘辰，字聖林，生於康熙庚申月日，娶郭氏，生三子：廣達、廣道、廣文。

廷榕三子，弘義，字聖宇，生於康熙丙寅十月初六日，娶費氏，生二子：廣生、廣智。

廷楠長子，弘道，字觀聞，生於康熙乙卯二月初二日，娶徐氏，生一子廣達。

廷梗子，弘麃，字鹿賓，生於康熙癸丑十一月初四日，卒於丙子八月，娶朱氏，生一子培德。

廷曜長子，弘議，字景厓，生於康熙辛巳六月二十六日。

廷桑長子，弘期，字三存，生於順治辛丑十月二十日，卒於康熙甲戌八月十七日，娶金氏，生三子：培鶴、培桐、培陽。

廷鼎長子，胡越，字再馮，生於順治甲午十二月十七日，卒於康熙癸未八月，金山衛庠生，娶趙氏，生一子培壋。

廷鼎次子，統虞，字沂士，生於順治己亥五月十七日，卒於康熙，娶陳氏、陳氏，生一子廣輿。

廷鼎六子，弘超，字萼亭，生於康熙辛亥十一月十九日，娶康氏，生一子廣晉。

廷榮子，弘綱，字維庵，生於順治庚子四月二十九日，卒於康熙月日，婁縣庠生，入監，娶周氏，生一子廣基。

廷棐長子，弘緯，字錦文，生於順治壬辰十二月初六日，卒於康熙辛卯三月十六日，婁縣庠生，入監，娶王氏、陸氏、李氏，生二子：廣陵，字邗州，

娶劉氏，無子，卒；培圻。

可權長子，弘炯，字方揚，生於順治丁亥四月二十九日，卒於康熙乙卯正月初一日，華亭縣例監生，娶馮氏，無子，以弘緒次子培仁嗣。

可權次子，弘爛，字輝望，生於順治甲午正月二十五日，卒於康熙丙辰十月二十日，婁縣學增廣生，敕贈文林郎，太常博士，娶氏，無子，以弘緒三子培和嗣。

可權三子，弘緒，字起陶，生於順治戊戌七月初九日，婁縣例監生，康熙辛酉舉人，辛未進士，翰林院庶吉士，編修，敕授文林郎，娶張氏，敕封孺人，生八子：培厚、培仁〔註121〕、培和〔註122〕、培衷、培益，余夭。

廷集嗣子，弘綸，字虎文，生於順治己亥二月十二日，卒於康熙己卯正月十七日，婁縣例監生，娶朱氏，生二子：廣成、培新。

廷霖子，弘縉，字摺袍，生於順治丙申十一月初五日，嘉興府庠生，入監，娶鍾氏，生三子：廣任，未娶，卒；廣曾；培用。

廷聘子，弘度，字宗裝，生於康熙丁未七月三十日，卒於康熙丙申八月十七日。婁縣貢生，候選儒學訓導，加授中書科舍人，敕授文林郎，內閣中書，娶張氏，敕封孺人，生二子：培枝、培本。

朝陽長子，弘遠，字靖方，生於順治癸巳四月初四日，卒於康熙己丑五月初五日，婁縣例監生，娶章氏，生二子：培齡、培恩。

朝陽次子，弘烈，字獻章，生於順治乙未正月二十四日，婁縣例監生，娶顧氏、吳氏、吳氏、蔡氏、胡氏，生二子：培時、培運。

朝陽三子：弘業，字人胥，生於順治庚子六月三十日，卒於雍正甲辰九月十一日，吳縣庠生，入監，娶蔣氏，生五子：文岳、培元、培亮、培昌、培忠。

朝陽四子，弘翩，字凌九，生於康熙乙巳七月十二日，卒於己亥八月十四日，婁縣例監生，娶孫氏、朱氏，生四子：炳、培風、培恭、培祖。

朝陽五子，弘詔，字蒼士，生於康熙庚戌四月初二日，婁縣例監生，娶沈氏，生五子：培位、培璞、培誠、培志、培良。

廷楨長子，弘祚，字谷臣，生於康熙乙丑十一月十五日，娶蔣氏，生一子培心。

廷楨次子，弘裕，字國柱，生於康熙辛未正月二十九日，娶葉氏。

〔註121〕小字注：嗣弘炯。
〔註122〕小字注：嗣弘爛。

之烋子，弘綺，字南程，生於康熙壬子十一月十七日，婁縣例監生，娶莊氏，生二子：培善、培德。

廷槎子，弘品，字兆東，生於康熙庚子四月二十三日，娶邵氏。

第十四世

弘黯子，廣謙。

弘孝子，廣〔註123〕，目疾，出家平湖，先娶氏，生一子光。

弘耀子，廣〔註124〕，小名二官，住朱坊橋。

弘烈長子，廣巽，字大觀，生於康熙癸丑，不娶，住杜家行渡船口西。

弘烈次子，廣坎，字允文，生於康熙丙辰六月初一日，卒於辛丑十一月初十日，住泗涇東朱坊橋，娶張氏，生二子：光瑞；光英，出家。

弘照次子，廣坤，字純一，生於康熙甲寅十月十九日，娶周氏、唐氏，生一子光孔。

弘熠子，廣仁，字近方，生於康熙己巳十一月十五日，娶朱氏，生一子光旭。

弘昺長子，廣義，字忠念，生於康熙癸巳八月二十六日，娶胡氏。

弘昺次子，廣信，字友功，生於康熙戊子正月二十六日。

弘晨長子，廣達，字道原，生於康熙癸未十月初十日。

弘晨次子，廣道，字安上，生於康熙戊子閏三月十六日。

弘晨三子，廣文，字孝言，生於康熙庚寅八月十八日。

弘義長子，廣生，字天錫，生於康熙辛卯四月二十日。

弘義次子，廣習，字在周，生於康熙丁酉八月二十日。

弘道子，廣逵，字衢尊，生於康熙丙子九月十七日，娶龔氏。

弘麃子，培德，字道積，生於康熙丁丑二月十三日，娶蔣氏。

弘期長子，培鶴，字旭初，生於康熙丁丑八月初五日。

弘期次子，培桐，字隱山，生於康熙己卯九月初五日。

弘期三子，培陽，字旭明，生於康熙辛巳十二月二十日，娶夏氏。

胡越子，培塏，字以崐，生於康熙甲子八月二十八日，娶胡氏，生二子：光明、光照。

統虞子，廣輿，字圻封，生於康熙辛卯十二月十三日，娶氏，生一子本立。

〔註123〕按：「廣」後空白，名字不詳。
〔註124〕按：「廣」後空白，名字不詳。

弘超子，廣晉，字寧一，生於康熙甲申五月初二日，娶顧氏，生一子光達。

弘綱子，培基，字敦存，生於康熙壬戌三月十五日，娶楊氏，生一子禪定，出家乍浦。

弘緯次子，培圻，字方輿，生於康熙乙酉八月初三日，娶王氏。

弘炯嗣子，培仁，字宅安，生於康熙乙未正月二十四日，華亭縣學增廣生，雍正癸卯恩科江南舉人，娶陸氏，生三子〔註125〕：欽、鍾。

弘爌嗣子，培和，字鈞風，生於康熙辛酉三月十一日，松江府學廩貢生，康熙癸巳科順天舉人聯捷進士，武英殿纂修，太常寺博士，敕授文林郎，娶王氏，敕封孺人。

弘緒長子，培厚，字臺宇，生於康熙丁巳九月二十二日，松江府學廩貢生，娶徐氏。

弘緒四子，培衷，字心求，生於康熙癸亥十一月二十一日，松江府學廩貢生，鑲白旗教習，康熙丁酉科順天舉人，候選知縣，娶曹氏，生三子：圭璋、式曾、慕曾。

弘緒五子，培益，字苞延，生於康熙庚午七月初三日，婁縣庠生，康熙甲午科江南舉人，揀選知縣，娶汪氏，生三子：傚祖、懌曾、念曾。

弘綸長子，廣成，字汝洲，生於康熙壬戌十一月二十日，卒於丁亥八月十四日，婁縣例監生，娶吳氏，無子，以培新長子鍾泰嗣。

弘綸次子，培新，字履謙，生於康熙丁卯七月初七日，婁縣例監生，娶盛氏，生四子：鍾泰，嗣廣成；鍾衡；鍾華；鍾岳。

弘縉次子，廣曾，字省山，生於康熙丙寅六月十七日，卒於己丑七月初十日，娶吳氏，無子，二十守節，侯旌。

弘縉三子，培用，字亦蘇，生於康熙壬申八月初八日，平湖縣例監生，娶孫氏，生一子鍾嵩。

弘度長子，培枝，字霨扶，生於康熙丙寅九月十三日，青浦縣學歲貢生，娶汪氏、姜氏，生九子：光熙、光照、光然、光煦、光烑、光烋、光燕、光熊、光蒸。

弘度次子，培本，庠名周廷謙〔註126〕，字平山，生於康熙癸酉十一月十八日，青浦縣庠生，娶平湖陸氏，生一子燾。

〔註125〕按：僅列二子姓名，缺一子未載。

〔註126〕案：據此可知，雍正三年修此世譜時，培謙仍名培本，庠名周廷謙。

　　弘遠長子，培齡，字司章，生於康熙乙酉九月初七日，平湖縣例監生，娶張氏。

　　弘遠次子，培恩，字與春，生於康熙丁亥十二月二十七日，平湖縣例監生，娶楊氏，生四子。

　　弘烈長子，培時，字律天，生於康熙戊寅十月初八日，婁縣例監生，娶周氏。

　　弘烈次子，培運，字健行，生於康熙乙酉十一月二十五日，婁縣例監生，娶王氏，生一子鍾發。

　　弘業長子，文岳，字渭英，生於康熙辛酉二月初五日，海鹽縣學歲貢生，娶湯氏。

　　弘業次子，培元，字霖蒼，生於康熙壬戌四月二十四日，上海縣庠生，娶沈氏，生四子：鍾瑛、繹修、鍾瑅、鍾琳。

　　弘業三子，培亮，字誠修，生於康熙戊辰六月十六日，婁縣例監生，娶單氏、錢氏，生三子：鍾珩、鍾瑚、鍾玨。

　　弘業四子，培昌，字景周，生於康熙壬申九月初九日，婁縣例監生，娶彭氏，生一子。

　　弘業五子，培忠，字舒村，生於康熙丁丑八月十六日，平湖縣例監生，娶時氏，生一子鍾球。

　　弘翮長子，炳，字天池，生於康熙戊辰十月十九日，桐鄉縣庠生，娶朱氏，生一子秉鐸。

　　弘翮次子，培風，字南池，生於康熙壬申十一月二十八日，婁縣例監生，娶朱氏，生一子秉鉞。

　　弘翮三子，培恭，字漢池，生於康熙己卯十月十九日，婁縣例監生，娶孫氏，生一子。

　　弘翮四子，培祖，字崐池，生於康熙乙酉五月初一日，平湖縣例監生，娶沈氏。

　　弘詔長子，培位，字介桓，生於康熙丙子十一月十二日，卒於雍正甲辰九月二十六日，婁縣例監生，娶俞氏，生二子：錦、鏡。

　　弘詔次子，培璞，字召虞，生於康熙壬午正月，縣例監生，娶戴氏，生二子。

　　弘詔三子，培誠，字笠亭，生於康熙乙酉閏四月，卒於乾隆戊辰，縣例監

生，娶葉氏，生八子。

弘詔四子，培學，字敏修，生於康熙己丑八月，卒於乾隆壬申四月，候選縣丞，娶汪氏。

弘詔五子，培良，字巽皆，生於康熙壬辰十一月日，娶徐氏。

弘祚長子，培心，生於康熙丙申十月二十五日。

弘綺長子，培善，字見心，生於康熙丙戌六月初九日，華亭縣庠生，娶黃氏。

弘綺次子，培永，字孝思，生於康熙己亥五月初八日，平湖縣例監生，娶吳氏，生一子。

第十五世

廣坎子，光瑞，生於康熙甲午八月初十日。

廣坤子，光孔，字再興，生於康熙辛卯十一月初六日，娶倪氏。

廣仁子，光旭，生於康熙辛卯五月十六日。

培堦長子，光明，字偉齋，生於康熙甲申九月十五日，娶郭氏。

培堦次子，光照，字軼齋，生於雍正癸卯九月二十七日。

廣晉子，光達，生於雍正乙巳二月十六日。

培仁長子，欽，字洛耆，生於康熙壬午二月初九日。

培仁次子，鍾，字東在，生於康熙，縣例監生，娶郁氏。

培衷次子，式曾，字季賢，生於康熙，金山衛庠生，娶趙氏。

培衷三子，慕曾，字介飛，生於康熙，金山縣庠生，娶徐氏。

培益長子，儆祖，字寶三，生於康熙丙申，金山縣庠生，入監，娶王氏。

培益次子，懌曾，生於康熙，金山縣庠生。

培益三子，念曾，生於雍正。

廣成嗣子，鍾泰，字東望，生於康熙戊子正月十一日，娶張氏。

培新次子，鍾衡，字南宗，生於康熙辛卯六月二十九日。

培新三子，鍾華，字西表，生於康熙癸巳四月二十四日。

培新四子，鍾岳，字北高，生於康熙甲午十二月二十九日。

培用子，鍾嵩，生於康熙辛丑六月初三日。

培枝長子，光熙，生於康熙壬辰七月二十日，聘張氏。

培枝次子，光照，生於康熙丁酉正月二十六日，聘張氏。

培枝三子，光然，生於康熙丁酉三月二十五日。

培枝四子，光煦，生於康熙戊戌五月初十日。

培枝五子，光炴，生於康熙庚子二月二十日。

培枝六子，光烋，生於康熙庚子八月十八日。

培枝七子，光燕，生於雍正癸卯二月二十八日，聘許氏。

培枝八子，光熊，生於雍正甲辰九月初十日。

培枝九子，光蒸，生於雍正甲辰正月初九日。

培本子，熹，生於康熙己亥十月二十四日，娶李氏。

培運子，鍾發，字繁之，生於雍正甲辰九月十三日。

培元長子，鍾瑛，字寶成，生於康熙。

培元次子，鍾琇，字若瑩，生於康熙。

培元三子，鍾瑝，生於康熙。

培元四子，鍾琳。

培亮長子，鍾珩，生於康熙。

培亮次子，鍾瑚，生於康熙。

培亮三子，鍾璉。

培忠子，鍾球。

炳之長子，秉鈞，字良哉，生於康熙癸巳六月初七日。

培風長子，秉鉽。

培位長子，錦，生於康熙丁酉三月。

培位次子，鏡，生於康熙壬寅五月。

《姚氏世譜》第七卷（中山公支）

長房東橋公後怡善公第五子中山公世系

第七世起，六世以前見卷首

第一世

南山公，秀一，合族世祖。

第二世

樸軒公，思敬，南山公子單傳。

第三世

東橋公，宗顯，樸軒公長子，是為長房之祖。

第四世

　　北湖公，琛，東橋公子單傳。

第五世

　　耕隱公，奇，北湖公子，公生三子，幼為怡善公璋。

第六世

　　怡善公，璋，耕隱公第三子，公生五子，第五子中山公井，是卷所係，井
之後也。

第七世

　　璋五子，井，字應泉，號中山，生於成化壬寅閏八月二十日，卒於嘉靖乙
未八月十六日，恩賜將仕郎散官，娶張氏，生五子：籌、籥、篋、筌、箱。

第八世

　　井長子，籌，字運之，號蘆江，生於正德丁卯三月十一日，卒於嘉靖丁巳
三月二十一日，監貢生，敕封北京工部都水司主事，娶陸氏，敕封太安人，生
二子：體信；體倫，嗣筌。

　　井次子，籥，字執之，號龍江，生於正德己巳十一月初一日，卒於隆慶
辛未四月三十日，嘉興府庠生，入監，任光祿寺良醞署署丞，娶楊氏、董氏
〔註127〕，生六子：體化；體俊；體傑；體伊；體仲，嗣篋；體仕，嗣筌。

　　井三子，篋，字勉之，號三江，生於正德年，娶屠氏，無子，以籥第五子
體仲嗣。

　　井四子，筌，生於正德年，娶顧氏，三十內撫孤守節，未旌，無子，以籌
次子體倫嗣。

　　井五子，箱，字盈之，號九江，生於正德辛巳五月十九日，卒於嘉靖丁酉
閏六月二十一日，娶王氏，年十七撫遺腹子，苦節，未旌，生一子體儒。

第九世

　　籌長子，體信，字汝達，號華陸，生於嘉靖戊子九月初一日，卒於萬曆己
亥二月十九日，嘉興府庠生，嘉靖乙卯科舉人，丙辰科進士，仕至河南左參政，
娶陸氏，敕封安人，生一子士鳳。

　　籥長子，體化，字汝大，號幼江，生於嘉靖戊戌六月二十四日，卒於萬曆
丙申六月初一日，嘉興府庠生，入監，敕贈九江府推官，娶田氏、盛氏，俱贈

〔註127〕小字注：享年八十有七。

孺人，湯氏生二子：士夯、士龍。

籥次子，體俊，號承江，生於嘉靖庚子六月二十七日，卒於萬曆丙午六月二十四日，冠帶儒士，娶彭氏，生四子：士鵬；士熊；士熙；士烈，字幼承，娶吳氏，生四子，後出家圓通庵，釋號旭明，長子世文，字寶功，次子世行，字子秀，娶莫氏，三子世忠，俱出家圓通庵，四子世信，出家楊巷寺西房，釋號禪錄。

籥三子，體傑，號華江，生於嘉靖癸卯二月初五日，卒於萬曆壬子四月初六日，平湖縣庠生，娶張氏，生六子：士望；士鵪；士宗，字可因，娶李氏，無子，不嗣；士模；士賓；士寅。

籥四子，體伊，字汝任，號莘江，生於嘉靖丁未十二月初八日，卒於萬曆甲寅六月初三日，嘉興府學廩生，萬曆己酉歲貢，授訓導，娶陸氏，享年八十有一，生三子：士聰、士驤、士騰。

箴嗣子，體仲，號見江，生於嘉靖乙卯八月十九日，卒於崇禎辛未八月初一日，松江府庠生，娶顧氏、陸氏〔註128〕，生六子：士蛟；士蜃，字邦達，娶李氏，無子，不嗣；士蚍；士建，字谷城，娶孫氏，無子，不嗣；士清；士浩。

筌嗣子，體倫，字汝明，號次華，生於嘉靖戊戌八月初一日，卒於萬曆庚申十一月初一日，享年八十有二，例授詹事府主簿，鄉飲大賓，娶顧氏、馮氏，生三子：士麒、士重、士駿。

箱子，體儒，字汝鴻，號省江，又號懷江，生於嘉靖戊戌二月十六日，卒於天啟乙丑十月三十日，享年八十有八，松江府庠生，娶姜氏，生二子：士瞻、士許。

第十世

體信子，士鳳，字蓁亭，生於嘉靖辛亥十一月二十二日，卒於萬曆癸卯七月十六日，平湖縣庠生，入監，娶顧氏，生二子：世祥、世禎。

體化長子，士夯，字伯憲，號儆我，一號完樸，生於嘉靖戊午九月二十二日，卒於崇禎庚午九月二十九日，松江府庠生，萬曆乙酉科應天舉人，仕至廣東德慶州知州，娶徐氏，敕封孺人，生一子世古，繼一子世醇。

體化次子，士龍，字仲飛，號慈明，又號飯庵，生於隆慶戊辰八月初五日，卒於順治乙酉三月十一日，平湖縣學廩生，天啟辛酉恩貢，仕湖廣新寧縣知縣，

〔註128〕小字注：享年八十有二。

鄉飲大賓，娶陸氏，生三子：世醇，繼士豸；世宜；世直。

體俊長子，士鵬，字邦程，生於嘉靖丁巳五月初一日，卒於萬曆庚寅十一月二十五日，華亭縣庠生，娶沈氏，無子，以士熙長子世端嗣。

體俊次子，士熊，字山甫，生於隆慶己巳三月初三日，卒於崇禎戊辰八月二十八日，華亭縣學增廣生，入監，娶倪氏，生一子世靖。

體俊三子，士熙，字爾明，生於萬曆己亥正月二十七日，卒於康熙庚戌十一月，娶殷氏，生三子：世端，嗣士鵬；世翊，字子猷，早卒；世竦，字子梁，娶孫氏，生一子，夭，俱不嗣。

體傑長子，士望，字可瞻，生於嘉靖乙丑，卒於萬曆丙申，平湖縣庠生，娶毛氏，無子，以士鶚次子世戀嗣，世戀字功甫，娶宋氏，無子，不傳。

體傑次子，士鶚，字仲甫，生於隆慶己巳，卒於萬曆丙申，平湖縣庠生，娶蔣氏，生二子：世慇，字孟球，娶許氏，生子廷珍、廷瑛、廷琯、廷，俱夭，不嗣；世戀，嗣士望，亦不傳。

體傑四子，士模，字神式，生於萬曆丁丑十月十七日，卒於順治丙戌三月二十八日，娶沈氏，生三子：世璟，字子光，娶鄔氏，無子不嗣；世煜；世曄。

體傑五子，士賓，字邦嘉，生於萬曆庚辰，卒於崇禎辛巳正月十一日，益藩典禮官，娶王氏，生一子世泰，字子伯，娶陳氏，生二子：廷昱，字伯程，娶金氏，無子，不嗣；廷靈，出家揚州，釋名成素，字法慧。

體傑六子，士寅，字季亮，生於萬曆乙酉九月初六日，卒於康熙乙巳九月初二日，享年八十有一，娶屠氏，生一子世揚，字子宣，娶濮氏，生二子：廷佐，字贊元，出家佑聖宮；廷佑，字啟元，娶氏，無子，不嗣。

體伊長子，士聰，字君育，生於隆慶壬申閏二月二十一日，卒於崇禎丙子十二月十七日，平湖縣庠生，娶戈氏，生二子：世寧、世平。

體伊次子，士驤，字君超，生於萬曆乙亥六月初九日，卒於順治丁亥十月初九日，平湖縣庠生，娶朱氏，生一子世容。

體伊三子，士騰，字君起，生於萬曆乙酉八月十三日，卒於順治癸巳二月十八日，娶許氏、夏氏，生三子：世寀；世宏，字爾仁，娶陸氏，無子，不嗣；世豐。

體仲長子，士蛟，字鱗子，生於萬曆乙亥九月十九日，卒於順治乙未八月二十六日，享年八十有一，平湖縣庠生，娶孫氏、吳氏，生一子世培，字滋石，娶潘氏，無子，不嗣。

體仲三子，士虬，字君符，生於萬曆壬午二月十七日，卒於萬曆庚申六月十三日，娶林氏，生一子世暎。

體仲五子，士清，字叔源，生於萬曆乙未二月初八日，卒於順治甲午十一月十五日，娶汪氏，生一子世錫。

體仲六子，士浩，字端明，生於萬曆己亥十一月初六日，卒於康熙己巳七月二十一日，享年九十有一，娶王氏，生二子：世祿、世仁。

體倫長子，士麒，字仲陵，號天石，生於嘉靖癸亥正月二十三日，卒於崇禎庚辰閏正月十七日，華亭縣庠生，授鴻臚寺序班，娶陸氏，生一子世植，字我受，娶蔡氏，無子不嗣；繼一子世禧，士重次子。

體倫次子，士重，字子固，生於萬曆丁丑閏八月十四日，卒於順治乙酉九月，錢塘縣庠生，娶朱氏、沈氏，生二子：世祐，字元默，娶陳氏，無子不嗣；世禧，繼士麒。

體倫三子，士駿，字九逸，生於萬曆戊寅，卒於萬曆甲寅十月二十七日，華亭縣庠生，娶徐氏，生一子世機。

體儒長子，士瞻，字三省，生於隆慶庚午八月初九日，卒於崇禎己卯九月初三日，娶干氏、邵氏、蔡氏、盛氏，生五子：世沐；世浩；世澤；世洋；世沛，字元英，娶湯氏，生子廷珍，字寶臣，未娶，卒於京師。

體儒三子，士許，字邦與，生於萬曆己未九月十九日，卒於順治甲午十月初十日，娶莫氏，生一子世德。

第十一世

士鳳長子，世祥，字元長，生於萬曆戊寅正月十三日，卒於崇禎癸未七月初九日，華亭縣庠生，入監，娶張氏，無子，以世禎長子廷鈺嗣。

士鳳次子，世禎，字仲緝，生於萬曆己卯七月十二日，卒於崇禎庚午正月初六日，華亭縣庠生，入監，娶陸氏，生二子：廷鈺，嗣世祥；廷鉉。

士豸繼子，世醇，字子還，生於萬曆甲午正月初六日，卒於順治戊戌正月初一日，華亭縣庠生，入監，娶諸氏，生四子：廷錦；廷鉞；廷鏡，嗣世直；廷銤。

士豸子，世古，字子復，生於萬曆甲午十月十二日，卒於康熙丙午十一月初七日，禮部儒士，娶施氏，生三子：廷盧、廷蠡、勝斯。

士龍長子，世宜，字子咸，生於萬曆壬辰九月初五日，卒於康熙甲辰十一月二十日，娶金氏，生一子廷芝。

士龍三子，世直，字子司，生於萬曆丙申九月十三日，卒於崇禎壬午閏十一月十九日，娶莫氏，未三十而寡，子死孫殤，苦節，未旌。生一子廷閔，無子，以世醇第三子廷鏡嗣。

士鵬嗣子，世端，字端生，生於萬曆庚申九月十三日，順治丁亥四月初九日遇害，娶宗氏，生一子景章，字馨聞，娶王氏，無子，不嗣。

士熊子，世靖，字子清，一字藥師，生於萬曆丁巳七月二十日，卒於順治丁酉三月二十七日，華亭縣庠生，入監，娶錢氏，生二子：景霍、景何。

士模次子，世煜，字子昭，生於萬曆甲寅五月二十二日，卒於順治戊戌十二月十五日，娶陸氏，生一子廷晉。

士模三子，世曄，字子章，生於萬曆丁巳二月十四日，卒於康熙丁巳三月二十九日，娶謝氏、張氏，生三子：廷圭；廷陞；廷〔註129〕，字見素，出家新帶福量寺。

士聰長子，世寧，字子翼，生於萬曆癸巳二月十八日，卒於順治辛丑三月十八日，平湖縣庠生，娶朱氏、黃氏，生五子：廷甡；廷喆，字吉人，娶吳氏，生子弘鼎，夭，不嗣；廷斌；廷瓚；廷泰。

士聰次子，世平，字子昇，生於崇禎癸酉十月二十四日，卒於康熙甲辰閏六月十八日，娶張氏，生一子。

士驤子，世容，字伯度，生於天啟丙寅十一月十八日，卒於康熙癸丑十一月初一日，娶郭氏，生一子鳳鳴。

士騰長子，世案，字亮公，生於萬曆庚戌八月二十日，卒於崇禎戊寅八月初三日，松江府庠生，娶田氏，無子。

士騰三子，世豐，字爾達，生於崇禎庚辰五月初七日，卒於康熙戊寅，娶陳氏，生一子廷桂。

士虬子，世暎，字子蜚，聖湖萬曆甲辰八月初三日，卒於康熙壬辰十一月初八日，娶夏氏，生三子：廷儉、廷謹、廷忠。

士清子，世錫，字明寵，生於萬曆己未九月十六日，卒於康熙甲子六月初七日，娶謝氏，生三子：廷佐；廷倫；廷佑，字天申，娶邵氏，無子，不嗣。

士浩長子，世祿，字君卿，生於天啟二月十九日，卒於康熙辛巳，娶陸氏，生二子：廷仕、廷候。

士浩次子，世仁，字君寵，生於天啟丁卯十二月初一日，卒於康熙，娶王

〔註129〕按：「廷」後空白，名不詳。

氏，生一子廷佩。

士麒繼子，世禧，字我迎，生於萬曆戊申十月十四日，卒於康熙壬子三月十一日，華亭縣庠生，娶夏氏、陳氏，生一子釗。

士駿子，世機，字雲及，生於萬曆己酉四月初十日，卒於康熙壬寅十二月十六日，華亭縣庠生，娶平氏、翁氏，生一子廷堅，字子石，娶氏，無子，不嗣。

士瞻長子，世沐，字仲玉，生於萬曆己丑十月初六日，卒於天啟癸亥四月初四日，娶林氏，生二子：廷坤，字維之，娶張氏，無子，不嗣；廷垣。

士瞻次子，世浩，字天仲，生於萬曆戊申七月初八日，金山衛庠生，娶吉氏、田氏，生三子：廷鏡，字匪鑒，娶陸氏，無子；廷澍，字星一，娶唐氏，生一子弘受，夭，俱不嗣；廷鍾。

士瞻三子，世澤，字公潤，生於萬曆庚申十月二十一日，娶薛氏，生二子：廷瑞，字玉石，娶羅氏，無子；廷珮，字玉采，娶李氏、袁氏，無子，俱不嗣。

士瞻四子，世洋，字子葵，生於天啟辛酉四月二十四日，娶孫氏，生一子廷申，字德臣，娶陳氏，無子，不嗣。

士許子，世德，字子裘，生於萬曆己未九月十九日，卒於順治甲午十月初十日，娶莫氏，生一子廷儲。

第十二世

世祥嗣子，廷鈺，字式如，生於萬曆壬寅正月初二日，卒於崇禎戊辰四月初一日，華亭縣庠生，娶夏氏，無子，以廷鉉長子之梅嗣，之梅夭，不傳。

世禎次子，廷鉉，字式玉，生於萬曆丁未二月初三日，卒於康熙癸亥八月二十一日，婁縣庠生，娶朱氏，生二子：之梅嗣廷鈺，夭；日躋。

世醇長子，廷錦，字德生，生於萬曆庚申三月初九日，卒於康熙丙寅十一月初四日，婁縣庠生，娶陳氏，生二子，俱夭。

世醇次子，廷鉞，字秉威，生於崇禎甲戌十一月十六日，卒於康熙己未二月初三日，金山衛庠生，娶李氏，生二子：曾發、曾揆。

世醇五子，廷鉥，字永清，生於順治乙酉二月十二日，卒於康熙壬辰十月十三日，娶楊氏，生二子：曾啟、曾哲。

世古長子，廷盧，字匡生，生於萬曆甲寅十二月二十七日，卒於康熙己酉正月初十日，華亭縣庠生，娶徐氏，生一子曾孝。

世古次子，廷蠡，字疊生，生於萬曆丁巳八月二十八日，卒於崇禎癸未十

二月初五日，平湖縣庠生，娶諸氏，生二子：曾悌，嗣廷閎；曾忠。

世古三子，勝斯，字隱君，生於順治己丑十月十五日，卒於康熙，娶諸氏，生二子：弘訥、弘剛。

世宜子，廷芝，字石英，生於崇禎癸酉六月初一日，卒於康熙庚午正月二十七日，杭州府庠生，娶金氏，生三子：弘仁；弘道，字毅庵，娶楊氏，生一子烈，字建勳，未娶卒；弘孝。

世直子，廷閎，字孝若，生於崇禎己巳二月十二日，卒於順治己丑十月初七日，娶吳氏，二十守節，候旌，無子，以廷蠡長子曾悌嗣。

世直嗣子，廷鏡，字寶持，生於崇禎庚辰六月二十七日，卒於康熙癸巳，娶張氏，生一子曾容，字元裕，不娶卒，以廷錄孫有家嗣。

世靖長子，景霍，字去病，生於崇禎甲戌十一月二十二日，卒於康熙癸未，平湖縣學增生，娶馮氏，生二子：弘儒、弘賈。

世靖次子，景何，字無忌，生於崇禎丙子正月二十七日，娶朱氏，生三子：弘德、弘基、弘學。

世煜子，廷晉，字蘭亭，生於順治乙酉四月二十二日，卒於康熙丙申六月二十九日，娶張氏、王氏，生一子弘鎰。

世曄長子，廷圭，字飛璧，生於順治丙戌十二月十九日，不娶。

世曄次子，廷陞，字天球，生於順治辛丑十一月三十日，娶戈氏，生二子：弘憎，字素育，出家新帶復庵；弘璧。

世寧長子，廷甡，字鹿友，生於萬曆庚申六月二十八日，卒於康熙乙卯六月，娶紀氏，生一子弘曾。

世寧三子，廷斌，字天麟，生於天啟丙寅三月十八日，卒於順治己亥七月初三日，娶韓氏，生一子弘純。

世寧四子，廷瓚，字中黃，生於崇禎甲戌四月十六日，卒於康熙己丑正月十六日，娶周氏，生四子：弘仁、弘義、弘禮、弘智。

世寧五子，廷泰，字九升，生於順治戊子五月十五日，卒於康熙庚辰十一月十三日，娶陸氏，生一子弘祖，未娶卒。

世容子，鳳鳴，字念祖，生於順治己亥五月二十七日，卒於康熙，嘉興府庠生，康熙辛卯科浙江舉人，榜姓徐，娶程氏、陸氏，生一子，早夭。

世豐子，廷桂，字晉升，生於康熙丙寅八月十一日。

世暎長子，廷儉，字震升，生於天啟丙寅正月二十九日，卒於康熙丁卯六

月十四日，娶楊氏，生一子弘桂。

世暎次子，廷謹，字楚升，生於順治丁亥二月初六日，卒於康熙丁酉十一月初七日，娶王氏，生一子弘松。

世暎三子，廷忠，字魯升，生於順治己丑十一月十三日，娶許氏，生四子：弘柏、弘枝、弘楠、弘棣。

世錫次子，廷倫，字商衡，又字聖彝，生於順治乙酉十月初八日，卒於康熙庚申七月初五日，娶張氏，生一子弘亮。

世祿長子，廷仕，字允上，生於順治丁酉八月十六日，娶沈氏，生一子弘文。

世祿次子，廷候，字御徵，生於康熙乙巳七月二十八日，娶俞氏，生三子：弘謨、弘訓、弘誥。

世仁子，廷佩，字蘭為，生於康熙丙午十二月十二日，卒於辛未，娶嚴氏，生一子弘皋。

世禧子，釗，字赤城，號芥山，生於崇禎乙亥五月二十日，卒於康熙己巳閏三月二十日，直隸保定府左衛學廩生，改歸婁縣，入監，康熙甲子科順天舉人，歿於河東鹺使公署，娶葉氏，生一子璿。

世沐次子，廷垣，字衛如，生於萬曆己未正月十一日，卒於康熙甲戌十一月初八日，入籍鑲黃旗包衣，娶沈氏，生二子：芝蕃、芝茂。

世浩三子，廷鍾，字順宇，又字蘭生，生於順治甲申十一月初五日，卒於康熙，娶夏氏，生一子弘永。

世德子，廷儲，字君升，生於順治己丑六月二十四日，卒於康熙庚寅六月十五日，娶謝氏，生二子：弘鳳、弘蕃。

第十三世

廷鉉子，日躋，字臨秋，生於崇禎庚辰三月二十三日，卒於康熙戊辰二月初二日，娶蔡氏，生一子廣林。

廷鋮長子，曾發，字炯聞，生於順治癸巳閏六月十六日，卒於康熙己亥十二月十一日，青浦縣庠生，娶孫氏，生四子：遹欽；廣議；廣諏；廣諤，嗣曾悌。

廷鋮次子，曾揆，字宅之，生於康熙己酉五月二十八日，娶金氏，生四子：廣諫，早卒；廣謙；廣誠；廣識。

廷錄長子，曾啟，字開宗，生於康熙己酉七月二十二日，卒於戊寅六月初

一日，納陸氏，生一子廣徽。

廷鈜次子，曾哲，字超宗，生於康熙壬戌二月二十六日，娶錢氏，生三子：有家，嗣廷鏡後；有邦；有國。

廷盧子，曾孝，字克榮，生於崇禎乙亥四月十三日，卒於康熙己酉十二月二十一日，娶周氏，生二子：孫蒲，字虞封，娶何氏，無子不嗣；孫躬，字爵三，未娶，出家。

廷閔嗣子，曾悌，字克友，生於崇禎丙子九月初八日，卒於康熙，娶黃氏，無子，以曾發嗣子廣諤嗣。

廷蠡次子，曾忠，字藎臣，生於崇禎戊寅六月十八日，卒於康熙癸丑十一月初十日，娶吳氏，生一子廣劬，字匪莪，娶汪氏，無子，不嗣。

勝斯長子，弘剛，字無欲，生於康熙戊申八月二十六日，娶彭氏、徐氏，生一子廣。

勝斯次子，弘訥，字近仁，生於康熙丁巳十一月二十日，娶顧氏、沈氏，生三子：廣朝、廣別、廣麗。

廷芝長子，弘仁，字景庵，生於康熙丙午六月初四日，娶胡氏、王氏，生三子：培賢、培良、培方。

廷芝三子，弘孝，字升吉，生於康熙癸丑十二月十六日，娶金氏，生一子培正。

景霍長子，弘儒，字書孟，生於順治乙未五月初七日，卒於康熙乙亥十二月十八日，娶錢氏，生一子廣學。

景霍次子，弘賈，字市仲，生於順治丙申八月二十七日，卒於康熙壬辰正月，娶屠氏，生二子：廣升、廣級。

廷候長子，弘謨，生於康熙甲申九月初十日。

廷候次子，弘訓，生於康熙辛卯二月初二日。

廷候三子，弘誥，生於康熙乙未十二月初七日。

廷晉長子，弘鎰，字雲萬，生於康熙壬子五月十三日，娶酈氏、唐氏，生三子：廣仁、廣汶〔註130〕、廣武。

廷陸子，弘璧，字裴遠，生於康熙乙卯五月初二日，卒於丁亥七月初九日，娶王氏、曹氏，生一子廣元。

廷甡子，弘曾，字春期，生於崇禎癸未十一月初二日，娶孫氏，生一子廣

〔註130〕按：據兄弟名，此處作「文」妥，但後文亦作「汶」。

文。

廷斌子，弘純。

廷瓚長子，弘仁，字程天，生於順治甲午正月十八日，卒於康熙癸未十月初九日，娶楊氏。

廷瓚次子，弘義。

廷瓚三子，弘禮，字憲文，生於康熙丙午正月初四日，娶譚氏，生二子：廣蕊、廣矗。

廷瓚四子，弘智，字宗舜，生於康熙戊申九月十五日，卒於甲午八月十六日，娶謝氏，生三子：廣磊、廣矗、廣焱。

廷儉子，弘桂，字月樹，生於順治庚寅八月十九日，卒於康熙己丑正月十四日，娶倪氏、錢氏，生一子廣陛。

廷謹子，弘松，字循序，生於康熙壬子正月十七日，娶徐氏，無子。

廷忠長子，弘柏，字碧樹，生於康熙癸未八月二十一日，卒於丁亥八月十四日，娶俞氏，生一子，夭亡。

廷忠次子，弘枝，字玉樹，生於康熙辛酉十二月二十五日，娶林氏，生二子：培文、培魁。

廷忠三子，弘楠，字嘉樹，生於康熙甲子九月十二日，娶姜氏。

廷忠四子，弘棣，字珠樹，生於康熙乙亥七月二十四日。

廷倫子，弘亮，字信儒，生於康熙庚戌六月十三日，娶倪氏、汪氏，生二子：廣運、廣連。

廷仕子，弘文，字陛章，生於康熙庚午八月十五日，娶程氏。

廷佩子，弘皋，字鳴鶴，生於康熙戊辰八月二十日，娶褚氏，生一子培華，住東佘山林家宅。

釗子，璠，朗珠，字鯁園，生於順治丙申九月十三日，卒於雍正甲辰八月十九日，華亭縣廩生，入監，康熙乙酉科順天鄉試副榜，娶杜氏，生一子培懿。

廷垣長子，芝蕃，字玉華，生於順治乙酉十一月十九日，卒於康熙庚午十月二十四日，入籍鑲黃旗，娶馬氏，無子。

廷垣次子，芝茂，字鳴華，生於順治壬辰十月初六日，入籍鑲黃旗，娶梁氏、丁氏，生二子：宗舜、宗羲。

廷鍾子，弘永，字雲來，生於康熙壬戌七月十三日，娶陸氏，生一子培照。

廷儲次子，弘鳳，字爾占，生於康熙己未十一月初四日，從祖母計姓，住

居谷陽橋。娶周氏,生三子:培封、培衛、培詰。

廷儲長子〔註131〕,弘蕃,字元龍,生於康熙丁未三月初三日,從祖母計姓,住居谷陽橋。娶陸氏,生二子:培煥、培新。

第十四世

日躋子,廣林,字桂枝,生於康熙丁卯八月十六日,卒於癸巳六月初五日,娶陳氏,無子,光炊嗣。

曾發長子,遹欽,字層崖,生於康熙甲寅二月初八日,上海縣庠生,娶章氏、戚氏,生一子光漚。

曾發次子,廣議,字於朝,生於康熙乙卯九月二十六日,娶何氏、楊氏、戴氏,生四子:光邴、光鎮、光炊、光鄧。

曾發三子,廣諏,字在郊,生於康熙庚申八月十七日,娶倪氏,生一子光旭。

曾發四子,廣諤,字驚座,生於康熙癸亥六月初二日,卒於雍正癸卯八月二十三日,娶夏氏,生一子光鄑。

曾揆次子,廣謙,字鶴儔,生於康熙乙亥二月初五日。

曾揆三子,廣誠,字鶴占,生於康熙丙子十一月二十一日,娶金氏,生二子:光、光。

曾揆四子,廣譏,字鶴君,生於康熙辛巳六月十二日。

曾啟子,廣徽,字嗣音,生於康熙甲戌十二月初三日,娶陸氏。

曾哲長子,有家,字濬明,生於康熙甲申九月初七日。

曾哲次子,有邦,字亮采,生於康熙戊子九月十五日,娶沈氏。

曾哲三子,有國,生於康熙戊戌月日,納沈氏。

弘儒子,廣學,生於康熙乙亥十月二十九日。

弘賈長子,廣昇,生於康熙癸亥五月十九日。

弘賈次子,廣級,生於康熙丁卯七月初二日。

弘鎰長子,廣仁,生於康熙辛卯二月初十日。

弘鎰次子,廣汶,生於康熙甲午十月十七日。

弘鎰三子,廣武,生於雍正癸卯三月初一日。

弘璧子,廣元,生於康熙丙子。

弘曾子,廣文,字佩章,生於康熙甲寅九月十八日,娶毛氏,生二子,娶

〔註131〕按:行序顛倒,應先長子,後次子。

氏，早卒。

弘禮長子，廣蕊，生於康熙癸酉五月十六日。

弘禮次子，廣喆。

弘智長子，廣磊，字岩石，生於康熙癸酉九月二十日。

弘智次子，廣矗，字原田，生於康熙丙子九月二十八日。

弘桂子，廣陞，字虞登，生於康熙甲子十二月三十三日〔註132〕，住朱坊橋，娶王氏，無子。

弘枝長子，培文，字大章，生於康熙戊子十月二十五日。

弘枝次子，培魁，字炳章，生於康熙乙未九月十六日。

弘亮長子，廣運，字陞候，生於康熙丁丑二月十二日。

弘亮次子，廣連，字陞卿，生於康熙丙申五月初四日。

弘皋子，培華，字寶定，生於康熙壬寅正月初十日。

璿子，培懿，字翼皇，生於康熙甲子十二月二十六日，卒於乙亥三月二十日，娶錢氏，生一子興宗。

芝茂長子，宗舜，字西來，生於康熙甲寅十月初六日，入籍鑲黃旗，娶朱氏，生一子索柱。

芝茂次子，宗羲，生於康熙壬戌十月二十五日，入籍鑲黃旗。

弘永子，培照，字印州，生於康熙。

弘蕃長子，培煥，生於康熙。

弘蕃次子，培新，生於康熙。

弘鳳長子，培封，生於康熙。

弘鳳次子，培衡，生於康熙。

弘鳳三子，培誥，生於康熙。

弘訥長子，廣朝，生於康熙甲午十一月二十四日。

弘訥次子，廣別，生於康熙丁酉八月十二日。

弘訥三子，廣麗，生於康熙庚子十月十六日。

弘仁長子，培賢，字端明，生於康熙甲申二月二十六日。

弘仁次子，培良，字硯濤，生於康熙丁亥正月初九日。

弘仁三子，培方，字履整，生於康熙乙未九月初五日。

弘孝子，培正，字文銳，生於康熙壬辰六月十五日。

〔註132〕按：此處顯誤，疑為「三十日」。

第十五世

　　遡欽子，光滬，生於雍正甲辰四月十二日。

　　廣議長子，光邴，字原仲，生於康熙丙子正月初三日。

　　廣議次子，光鎮，字山仲，生於康熙甲申二月初四日，娶金氏。

　　廣議三子，光邰，字有仲，生於康熙癸巳四月初三日，嗣廣林。

　　廣議四子，光鄧，字林仲，生於康熙乙未十月初十日。

　　廣諏子，光旭，字東升，生於康熙辛卯六月十八日。

　　廣諤子，光鄙，字申季，生於康熙庚寅五月十五日。

　　廣誠長子，光〔註133〕，生於康熙。

　　廣文子，光〔註134〕，生於康熙乙未十一月初七日。

　　培懿子，興宗，字大群，生於康熙甲午四月二十三日，娶馮氏。

　　宗舜子，索柱，生於康熙，入籍鑲黃旗。

《姚氏世譜》第八卷（東洲公支）

　　次房東洲公世系

　　第四世起，三世以前見卷首

第一世

　　南山公，秀一，合族世祖。

第二世

　　樸軒公，思敬，南山公子單傳。

第三世

　　東洲公，宗正，樸軒公次子，為次房之祖。是卷所係，是其後也。

第四世

　　宗正子，謙，字克恭，號敬庵，生卒年月無考。娶曹氏、林氏，生六子：
權，三傳而絕；衡；海，三傳而絕；鑒；鎧；鑰，四傳而絕。

第五世

　　謙長子，權，字世中，號樂閒，生卒年月無考，娶李氏，生一子晟。

　　謙次子，衡，字世平，號樂壽，生於宣德丙午九月十六日，卒於正德丙寅
十一月初七日，享年八十有一，冠帶壽官，娶張氏，生二子：暉、碧。

〔註133〕按：「光」後空白，名不詳。
〔註134〕按：「光」後空白，名不詳。

謙三子，海，字世宴，號巨川，生卒年月無考，娶張氏，生三子：端，字文正，號佳亭，娶丘氏，無子，不嗣；祥，字文瑞，號東溪，娶朱氏，生二子：長木不傳，次横生二子熘、燾，俱夭；禧，字文美，號東山，娶沈氏，無子，俱不嗣。

謙四子，鑒，字庭光，號梅窗，生卒年月無考，娶胡氏、李氏，生四子：山，五傳而絕；坤；澤，字子洲，號守順，娶邵氏，生子椿，字維遠，娶沈氏，無子，不嗣；濟，四傳而絕。

謙五子，鎧，字庭鳳，號桂岩，生卒年月無考，娶金氏，生四子：悅；怡，三傳而絕；懷，娶趙氏，無子，不嗣；忻。

謙六子，鑰，字廷美，號蘭堂，生卒年月無考，娶金氏，生三子：璠，四傳而絕；璵，字汝溫，娶蕭氏；瓊，字本潤，娶趙氏，俱無子不嗣。

第六世

權子，晟，字文明，號守清，生卒年月無考，娶沈氏，生二子：檑，不傳；楟，生三子，長煉，生子體，爚、炊，俱不傳。

衡長子，暉，字文輝，號守拙，生於天順戊寅六月二十四日，卒於嘉靖甲申八月二十二日，鄉飲賓，有「品高月旦，遐齡永享」之褒，娶徐氏，享年八十有七，生二子：松，字維貞，號節齋，娶陸氏，無子，不嗣；梓。

衡次子，碧，字文華，號守逸，生卒年月無考，娶陸氏、莫氏、許氏，生一子柏。

鑒長子，山，字子瞻，號守分，生卒年月無考，娶金氏，生二子：梧、楨。

鑒次子，坤，字子厚，號守潔，生卒年月無考，娶李氏，生四子：樞；機，贅於杭州之方山，另分錢塘一支見後；楷，出家昭慶寺；模。

鑒四子，濟，字子惠，號守愚，生卒年月無考，生於廣陳，遷於徐堰，四傳而絕，娶唐氏，生一子榛。

鎧長子，悅，字本和，號守安，生卒年月無考，娶徐氏，生一子森。

鎧次子，怡，字本雍，號守誠，生卒年月無考，娶馮氏、沈氏，生二子：柯，字伴山，娶孫氏，生子灼，娶徐氏，無子，以熣子體伯嗣，體伯生子士恢，亦無子不嗣；相，不傳。

鎧四子，忻，字本熙，號守閒，生卒年月無考，娶朱氏、沈氏，生一子植。

鑰長子，璠，字汝器，號守靜，生卒年月無考，娶趙氏，生一子桂，再傳而絕。

第七世

　　暉次子，梓，字惟材，號簡齋，生於弘治丙辰八月初九日，卒於隆慶辛未十一月初五日，娶張氏、楊氏，生四子：煒；煌，字瑞龍，娶顧氏，無子不嗣；燦；炲，字敬簡，娶盛氏，生子體受，字景容，娶陳氏，無子，以體時長子士恰嗣，士恰字元畿，娶翁氏，亦無子不嗣。

　　碧子，柏，字維永，號毅齋，生卒年月無考，娶龔氏，生二子：煦、煥。

　　山長子，梧，字惟高，生卒年月無考，娶陸氏，生一子炬，字近溪，娶氏，生子體述，娶徐氏，生子士寰，早卒，不嗣。

　　山次子，槙，生卒年月無考，娶氏，生三子：焱，字望山，不傳；炳。

　　坤長子，樞，字維繩，生卒年月無考，娶潘氏，生一子爕。

　　坤四子，模，字維喬，號半溪，生卒年月無考，娶王氏，生三子：爟，字思齋，娶鄔氏，生二子，長體潮娶氏，生子士銘，夭，次體漢不傳；光娶時氏，生三子，體翰、體林、體完，俱歿；炷，娶徐氏，生子體聖，亦夭，不嗣。

　　濟子，榛，生卒年月無考，娶沈氏，生二子：燧，不傳；烘。

　　悅長子，森，字維茂，號約齋，生卒年月無考，娶胡氏，生二子：元勳、元照。

　　忻子，植，字維盛，號恕齋，生卒年月無考，娶金氏，生三子：燭；煃，字近齋，娶沈氏、盛氏，生二子，長體埇，娶胡氏，生子士悌，不傳；次體伯，嗣柯子灼，生子士恢夭，不傳。

　　璠子，桂，字維馨，生卒年月無考，娶陳氏，生一子曄。

第八世

　　梓長子，煒，字子彰，號龍湖，生於嘉靖癸巳十二月二十三日，卒於嘉靖乙丑五月二十六日，娶陳氏，生二子：體舜、體愛。

　　梓三子，燦，字復明，號龍涇，生於嘉靖乙巳正月初九日，卒於萬曆己卯正月初九日，娶過氏、龔氏，生一子體時。

　　柏長子，煦，字子和，號鳳川，生卒年月無考，生於廣陳，贅於新行十七都，平湖縣庠生，娶賈氏、孫氏，生四子：體升、體恒、體咸、體萃。

　　柏次子，煥，號鳳陵，生卒年月無考，娶錢氏、王氏，生四子：體守；體易，字康宇，娶張氏，生二子，士珙，字龍生，娶徐氏，生琯，字福生，娶馬氏，俱無子不嗣；體弘，娶林氏，不傳；體毅，字完宇，娶馮氏，生子士珩，字越凡，娶朱氏，無子不嗣。

槓次子，炳，生卒年月無考，娶氏，生一子體臣。

樞子，燮，字理卿，號悅耕，生卒年月無考，娶陸氏，生二子：體賢、體廉。

榛次子，烘，字思竹，生卒年月無考，娶馮氏，生一子體垕，字敬竹，娶金氏，生三子，長士鉞，字爾威，娶毛氏，生子世極，夭；次士斧，字爾正，娶張氏，無子；三士鉉，早卒，俱不嗣。

森長子，元勳，字侶山，生卒年月無考，娶管氏，生二子：體孝；體睦，字效山，娶徐氏，生子士鎌，歿。

森次子，元照，字省山，生於嘉靖乙未，卒於天啟辛酉，享年八十有七，娶朱氏，生四子：體誠；體詢；體訓，不傳；體諭，字近山，娶陸氏，生子士慷，字伯昇，士慨，字振行，俱不娶。

植長子，燭，號愛齋，生卒年月無考，娶杭氏，生二子：體垮，字順吾，娶曹氏、方氏，無子不嗣；體堦。

桂子，曄，字華卿，號隱南，生卒年月無考，娶葉氏，生二子：體智，字汝明，娶周氏，無子，不傳；體昂。

第九世

煒長子，體舜，字景虞，生於嘉靖丙辰三月十四日，卒於萬曆庚戌十月三十日，娶周氏，生一子士憬。

煒次子，體愛，字景仁，生卒年月無考，娶黃氏，生一子士琬。

燦子，體時，字四可，號景行，生於萬曆丁亥二月十九日，卒於崇禎甲申三月初四日，娶朱氏，生三子：士恰，字元幾，嗣焰長子體守，不傳；士中，字方立，娶孫氏，無子不嗣；士素。

煦長子，體升，字悅川，生卒年月無考，娶孫氏，生一子士鐩。

煦次子，體恒，字少川，生於萬曆乙酉九月二十三日，卒於順治庚寅八月二十一日，娶孫氏，生一子士鏽。

煦三子，體咸，字思川，生卒年月無考，娶洪氏，生四子：士奏；士暢，字北溪，娶沈氏，無子不嗣；士瑚；士璉。

煦四子，體萃，字敬川，生卒年月無考，娶賈氏，生二子：士員；士嶸，字秀芝，不傳。

煥長子，體守，字華宇，生於萬曆庚辰閏二月二十日，卒於崇禎庚辰八月十六日，娶徐氏，生三子：士庭，字秀泉，娶陸氏、徐氏，無子；士慶；士賡，

字三溪，娶陸氏，生一子世恩，夭，不傳。

炳長子，體臣，字汝宰，生卒年月無考，娶楊氏，生三子：士鑿，字臥君，娶潘氏，無子不嗣；士鑒；士鏊。

爕長子，體賢，字左泉，生卒年月無考，娶楊氏，生一子士宿。

爕次子，體廉，字廷岩，生卒年月無考，娶金氏，生一子士容。

元勳長子，體孝，字繼山，生卒年月無考，娶陸氏，生一子士鏡。

元照長子，體誠，字敬山，生於嘉靖丁巳十月十四日，卒於崇禎丁丑十一月二十八日，享年八十有一，娶李氏〔註135〕，生四子：士秦、士楚、士吳、士齊。

元照次子，體詢，字愛山，生於嘉靖辛酉正月二十四日，卒於崇禎己巳九月二十一日，娶李氏，享年八十有三，生二子：士明、士昭。

燭次子，體堦，字慎山，生於萬曆甲申十二月初十日，卒於順治壬辰六月二十一日，娶徐氏，生二子：士崑，字華璧，娶顧氏、紀氏，無子不嗣；士崙。

曄子，體昂，字惠南，生於隆慶戊辰七月十二日，卒於順治庚寅二月十四日，享年八十有三，娶陸氏、陳氏，無子不傳。

第十世

體舜長子，士憬，字伯心，生於萬曆辛丑三月初二日，卒於順治壬辰四月初七日，娶任氏，生三子：世淳；世瀾，嗣士琬；世澍。

體愛子，士琬，字振宇，生於萬曆丁亥十月初四日，卒於順治己亥十一月二十八日，娶楊氏，無子，以士憬次子世瀾嗣。

體時子，士素，字淡我，生於萬曆庚申六月初四日，卒於康熙癸丑八月十九日，娶楊氏，生一子世旭，字且輝，娶馬氏，無子。

體升子，士鐩，字泰符，生於萬曆丙午月，卒於順治年〔註136〕，娶金氏，生二子：世亨，字九齡，娶氏，無子不嗣；世揚，字千言，出家漂母墩。

體恒子，士鏽，字玉如，生於萬曆丙辰八月初三日，娶吳氏，生三子：世隆；世陸，字子正，娶馮氏，無子不嗣；世翔。

體咸長子，士奏，字南疇，生於萬曆丁巳七月二十一日，卒於康熙丁丑三月十八日，享年八十有一，娶姜氏、董氏，生二子：世洪、世濤。

體咸三子，士瑚，字東津，生於天啟甲子十一月初三日，卒於康熙乙亥五

〔註135〕小字注：享年八十有五。
〔註136〕按：依全書體例，此「年」字衍文。

月初十日，娶高氏，生二子：世誠，字芳潤，娶氏，無子不嗣；世永。

　體咸四子，士璉，字西浦，生於天啟丁卯十月十八日，娶孫氏，生一子世祥，以上三公之後俱住居十七都洪明大王廟西。

　體萃長子，士員，字因芝，生於萬曆甲寅十一月初九日，卒於康熙丁巳十一月十一日，娶丁氏，生二子：世英、世雄。

　體守次子，士慶，字琇河，生於萬曆癸卯，娶馬氏，生一子世行。

　體臣次子，士鑒，字建臣，生年不詳，卒於順治乙酉八月初三日，娶潘氏，生一子世茂。

　體臣三子，士鏊，字敬山，生於萬曆甲寅二月十二日，卒於康熙己未正月十七日，娶沈氏，生五子：世恩、世溥、世汶、世論、世孝。

　體賢子，士宿，字順泉，生於萬曆辛巳六月十三日，卒於順治乙酉十月十一日，娶王氏，生二子：世能；世英，字，娶徐氏，無子，不傳。

　體濂子，士容，字後溪，娶趙氏，生三子〔註137〕：世臻。

　體孝子，士鏡，字雲衢，娶朱氏，生一子世澤，字德生，娶馮氏，生一子，卒，不傳。

　體誠長子，士秦，字荊岩，生於萬曆庚辰四月初八日，卒於康熙辛亥，享年九十有二，娶宋氏，生二子：世清；世溶，字洪宇，娶丘氏，無子不嗣。

　體誠次子，士楚，改名燔，字岱萱，生於萬曆癸未四月十九日，卒於順治壬辰八月二十五日，娶馬氏，生二子：世源、世辰。

　體誠三子：士吳，字衷淵，生於萬曆己丑七月三十日，卒於康熙癸卯二月二十一日，娶李氏，生二子：世功；世昌，字允生，娶顧氏，無子不嗣。

　體誠四子，士齊，字瑞岩，生於萬曆壬辰十月十五日，卒於順治甲午十二月十七日，娶朱氏，生四子：世沅，字伯祥，娶張氏，生一子，夭；世淇，字仲禎，娶沈氏，生二子，亦夭；世濱，娶黃氏；世渭，娶潘氏，俱無子不嗣。

　體詢長子，士明，字泰岩，生於萬曆甲申七月二十六日，卒於崇禎己卯十月十四日，娶朱氏，生四子：世淵；世洪，字季岩，娶顧氏，無子不嗣；世瀛；世藻。

　體詢次子，士昭，字奉岩，生於萬曆乙未六月二十六日，卒於康熙丙辰，享年八十有二，娶張氏、唐氏，生一子世瀋。

　體塏次子，士崙，字仲生，生於天啟丙寅九月二十日，卒於康熙庚午八月

─────────────

〔註137〕按：僅載其中一子的姓名。

十五日，娶沈氏，生七子：世蕃；世茂，字松如，娶顧氏，生一子廷瑞，卒；世蘭；世蕙；世芬；士芳；世華。

第十一世

士憬長子，世淳，字素公，生於萬曆己未十一月十二日，卒於康熙癸卯九月初十日，娶江氏、吳氏，生二子：廷琯、廷瑛。

士憬次子，世澍，字霖公，生於崇禎辛巳正月二十三日，卒於康熙丁卯三月二十六日，娶沈氏、李氏，生四子：廷柯，字宛若，娶潘氏，無子不嗣；嵩年；廷瓚；廷璉。

士琬嗣子，世瀾，字允公，生於崇禎庚午十二月十九日，卒於康熙戊午八月二十日，娶趙氏，生二子：廷璜，字佩生，不娶；廷璿。

士鏞長子，世隆，字光甫，生於崇禎丁丑二月十四日，卒於康熙乙亥七月初三日，娶繆氏、沈氏，生一子廷德。

士鏞三子，世翔，字聖甫，生於順治戊子十二月初八日，卒於康熙乙亥十月初一日，娶沈氏，生三子：廷貴、廷蓉；廷華，嗣世行。

士奏長子，世洪，字天生，生於崇禎戊寅，卒於康熙戊辰九月初二日，娶殷氏，生一子廷繡。

士奏次子，世澕，字瑞生，生於順治己丑十一月十四日，卒於康熙戊戌三月十五日，娶胡氏、杭氏，生二子：廷左、廷右。

士瑚次子，世永，字順升，生於順治辛丑八月十九日，娶李氏，生一子廷芳。

士璉子，世祥，字進生，生於康熙乙巳正月二十三日，娶張氏，生一子廷鳳。

士員長子，世英，字伯華，生於崇禎丙子正月二十八日，卒於康熙辛酉四月，娶周氏，生一子廷卿。

士員次子，世雄，字仲韜，生於順治丁亥十二月十三日，卒於康熙辛丑閏六月十四日，娶朱氏，生二子：廷佐、廷佑。

士慶子，世行，字君玉，生於崇禎丙子十月初四日，卒於雍正甲辰十月初四日，享年八十有九，娶陸氏，無子，以世翔三子廷華嗣。

士鑒子，世茂，字子山，生於順治丙申五月二十日，娶王氏，生二子：廷闢、廷開。

士鏊長子，世恩，字伯榮，生於崇禎丙子四月十四日，娶錢氏，生〔註138〕無子。

士鏊次子，世溥，字瑞生，生於崇禎己卯四月十七日，卒於康熙辛巳十二月十八日，娶馬氏，生一子廷煥。

士鏊三子，世汶，字叔彬，生於順治甲申五月十九日，娶徐氏，生二子：廷塤、廷均。

士鏊四子，世論，字季芳，生於順治戊子二月十三日，卒於康熙己丑八月十九日，娶林氏，生三子：廷勃；廷助；廷劼，俱不傳。

士宿次子，世暎，生於天啟丙寅八月二十三日，卒於康熙己丑二月十七日，娶徐氏，生一子廷卿。

士宿長子〔註139〕，世能，字心泉，生於萬曆庚戌五月二十五日，娶陸氏，生一子廷孝。

士容之子，世臻，字瑞溪，生於崇禎辛未，娶莊氏。

士秦長子，世清，字伯廉，生於萬曆庚子四月二十八日，卒於康熙丁卯十月十五日，享年八十有八，娶都氏，生四子：廷茂、廷芝、廷蕊、廷菓。

士楚長子，世源，字明宇，生於萬曆丙午八月初七日，卒於康熙庚申，娶周氏，生四子：廷柏；廷梅；廷松，字爾益，娶李氏，生一子夭，不傳；廷槐。

士楚次子，世辰，字拱樞，生於天啟癸亥十二月二十二日，卒於康熙癸酉十一月日，娶俞氏，生三子：廷瑜、廷瑾、廷珩。

士吳長子，世功，字伯成，生於萬曆丙辰七月二十七日，娶蔣氏，生一子廷助，不嗣。

士明長子，世淵，字思岩，生於萬曆丙辰八月十六日，卒於康熙戊午八月十七日，娶張氏，生三子：廷選、廷樟、廷蔚。

士明四子，世瀛，字順岩，生於天啟乙丑正月二十五日，卒於康熙丙寅三月，娶殷氏，生一子廷檜。

士明四子，世藻，字瑞岩，生於順治己卯日〔註140〕十一月二十四日，卒於康熙丙子十二月初二日，娶張氏，生一子廷柳。

士昭子，世濬，字允若，生於天啟丁卯正月初五日，卒於康熙乙亥八月，

〔註138〕按：「生」字衍。

〔註139〕按：行序顛倒。

〔註140〕按：「日」字衍。

娶顧氏，生一子廷祥。

士崙長子，世蕃，字子昌，生於順治丙戌八月二十九日，卒於康熙己巳十月十二日，娶倪氏，生一子廷榮，不傳。

士崙三子，世蘭，字猷如，生於順治壬辰十二月十二日，卒於康熙丙子十月十二日，娶陸氏，生三子：廷安，出家廣陳東寺，釋號聖山；廷定；廷靜，早卒。

士崙四子，世蕙，字九如，生於順治庚戌八月初四日，娶潘氏，生二子：廷龍，不娶；廷年。

士崙五子，世芬，字見如，生於順治辛丑六月十九日，娶錢氏，生二子：廷雄，不娶；廷佳。

士崙六子，世芳，字輪如，一字翰如，生於康熙甲辰四月二十六日，娶錢氏，無子，以世華長子廷蕚嗣。

士崙七子，世華，字允如，生於康熙己酉三月十二日，娶丘氏，生三子：廷蕚，嗣世芳；廷苔；廷藻。

第十二世

世淳長子，廷琯，字虞珍，生於崇禎壬午八月二十四日，現存年〔註141〕八十有三，娶戈氏，生一子弘耀。

世淳次子，廷瑛，字御華，生於順治辛卯十一月初八日，娶湯氏，生一子弘煥。

世澍次子，嵩年，字程六，生於康熙癸卯二月二十三日，娶陳氏，生一子弘炫，字遇益，早卒。

世澍三子，廷瓚，字御宣，生於康熙丙辰八月初九日，娶朱氏，生一子弘濤。

世澍四子，廷璉，字匏庵，生於康熙乙丑正月十九日，娶許氏，生二子：弘皋、弘祥。

世瀾次子，廷璿，字倫生，生於順治甲午五月十二日，娶王氏，無子。

世隆子，廷德，字在明，生於康熙壬戌十二月二十日，娶蕭氏，生二子：弘仁、弘禮。

世翔長子，廷貴，字蒼符，生於康熙甲寅八月二十九日，娶董氏，生三子：弘道；弘擬，嗣廷蓉；弘舜。

〔註141〕按：現存年，即今所謂「現年」之意。

世翔次子，廷蓉，字錫明，生於康熙戊午九月二十一日，娶陸氏，無子，以廷貴次子弘擬嗣。

世洪子，廷繡，字允恭，生於康熙庚戌七月十四日，娶曹氏，生三子：弘德、弘昇、弘元。

世濘長子，廷左，字尚德，一字茂功，生於康熙甲寅五月二十三日，娶徐氏，生一子弘昭。

世濘次子，廷右，字尚能，一字茂卿，生於康熙戊辰六月十八日，娶徐氏，生二子：弘彰、弘著。

世永子，廷芳，字嵩揚，生於康熙戊寅七月十四日，娶徐氏，生一子弘亮。

世祥子，廷鳳，字岐山，生於康熙癸未四月二十八日，娶何氏，生一子弘翔。

世英子，廷卿，字顯功，生於順治辛丑八月十五日，卒於康熙辛卯二月十六日，娶濮氏，生二子：弘賢、弘毅。

世雄長子，廷佐，字進思，生於康熙庚申十二月十六日，平湖縣例監生，娶崔氏，生二子：弘猷；弘勳，嗣廷佑。

世雄次子，廷佑，生於康熙乙丑四月十二日，卒於己丑七月十三日，娶蕭氏，無子，以廷佐次子弘勳嗣。

世行嗣子，廷華，字叔明，生於康熙甲子五月十三日，娶張氏，生三子：弘智、弘周、弘信。

世茂長子，廷關，生於康熙庚午正月二十日。

世茂次子，廷開，生於康熙癸酉六月二十四日。

世溥子，廷煥，字惟則，生於康熙癸丑七月二十二日，娶丁氏，生二子：弘世、弘義。

世汶長子，廷塤，字伯吹，生於康熙，娶徐氏，生子〔註142〕：弘、弘。

世汶次子，廷均，字仲和，生於康熙丁卯九月二十二日，娶沈氏，生三子：弘溫、弘良、弘恭。

世能子，廷孝，字思泉，生於崇禎丁丑七月二十七日，娶王氏，生一子弘宣。

世暎子，廷卿，娶氏，生一子弘淵。

世清長子，廷茂，字乾所，生於崇禎辛未六月二十二日，娶曹氏，無子。

〔註142〕按：二子名皆缺字，不詳其實。

世清次子，廷芝，字坤所，生於崇禎丙子十二月二十二日，娶張氏，生一子弘祈。

世清三子，廷蕊，字茂林，卒於康熙壬寅八月日，娶陸氏，生三子：弘相、弘宰、弘臣。

世清四子，廷菓，字聖所，生於順治乙酉五月十六日，卒於康熙壬辰九月，娶張氏，生二子：弘寶、弘元。

世源長子，廷柏，字瑞生，生於崇禎辛未八月十五日，卒於順治丁酉四月二十五日，娶陸氏，生一子弘禎。

世源次子，廷梅，字方崖，生於崇禎丁丑十月二十五日，娶李氏，生一子弘義。

世源四子，廷槐，字方案，生於順治丁亥十一月十八日，娶吳氏，生一子弘祺。

世辰長子，廷瑜，字素英，生於順治丁亥二月，娶潘氏，生一子弘霞。

世辰次子，廷瑾，字御珍，生於順治戊戌四月十〔註143〕日，卒於康熙乙未，娶俞氏，生一子弘自。

世辰三子，廷珩，字方珠，生於順治辛丑七月二十三日，娶吳氏，生二子：弘林、弘於。

世淵長子，廷選，字王聘，生於崇禎戊寅四月初七日，卒於康熙丁亥六月，娶顧氏，納陳氏，生一子弘新。

世淵次子，廷樟，字梓杞，生於崇禎壬午七月初一日，卒於康熙辛卯二月，娶陸氏，生一子弘仲。

世淵三子，廷蔚，字又聞，生於順治乙未七月二十四日，卒於康熙辛卯二月，娶張氏，生二子：弘洙、弘泰。

世瀛子，廷檜，字梓興，生於康熙癸卯六月十二日，卒於壬辰四月，娶氏，生一子弘素。

世藻子，廷柳，字梗先，生於康熙甲辰四月初九日，娶紀氏，生三子：弘琇、弘珍、弘珮。

世潘子，廷祥，字光升，生於順治乙未十二月二十七日，娶陸氏，生一子廷遐。

世蘭次子，廷定，字茂生，生於康熙乙丑七月三十日，娶黃氏、顧氏，生

〔註143〕按：「十」後個位數字空白，十幾日不詳。

一子弘馨。

世芬次子，廷佳，字漢臣，生於康熙辛未八月二十九日，娶湯氏，生一子弘勳。

世芳繼子，廷蕚，生於康熙甲辰，娶陸氏。

世華次子，廷苔，生於康熙丙戌。

世華三子，廷藻，生於康熙辛卯。

第十三世

廷琯子，弘耀，字明遠，生於康熙己巳十二月十一日，娶張氏，生二子：廣翔、廣麟。

廷瑛子，弘煥，字琢文，生於康熙乙未，娶楊氏，生一子培山。

廷瓚子，弘濤，字宮寶，生於康熙丙辰十二月十三日。

廷璉子，弘皋，生於康熙。

廷德長子，弘仁，字道飛，生於康熙癸未正月十三日，娶蕭氏。

廷德次子，弘禮，字協恭，生於康熙乙酉三月十八日，卒於雍正甲辰四月初六日，娶馮氏，無出，二十苦節。

廷貴長子，弘道，字得千，生於康熙戊寅七月初一日，娶沈氏。

廷容繼子，弘擬，字在蕭，生於康熙辛巳二月，娶陸氏。

廷繡長子，弘德，字玉亭，生於康熙己巳七月初十日，娶陳氏，生二子：廣舒、廣周。

廷貴三子，弘舜，字立山，生於康熙庚寅九月二十六日。

廷繡次子，弘昇，字旭亭，生於康熙己酉二月二十七日。

廷繡三子，弘元，字桂亭，生於康熙戊子閏三月初六日。

廷左子，弘昭，字德音，生於康熙丙子七月二十九日，娶富氏，生二子：廣發、廣元。

廷右長子，弘彰，生於康熙甲午七月二十一日。

廷右次子，弘著，生於雍正甲辰七月二十六日。

廷芳子，弘亮。

廷鳳子，弘翔。

廷卿長子，弘賢，字德章，生於康熙庚午四月初三日，卒於丁酉三月十九日，娶蕭氏，無子，以弘毅子廣陵嗣。

廷卿次子，弘毅，生於康熙丙子十二月二十日，卒於丙申十二月二十一日，

娶王氏，生一子廣陵。

廷佐長子，弘猷，字聖秩，號賓王，生於康熙甲申正月初六日，娶崔氏，生子。

廷佑繼子，弘勳，字幼昭，生於康熙乙未十月初三日。

廷華長子，弘智，字思孟，生於康熙癸未七月二十日。

廷華次子，弘周，字易庵，生於康熙壬辰。

廷華三子，弘信，字成子，生於康熙己亥。

廷門子，弘〔註144〕，生於康熙。

廷煥長子，弘世，字樂清，生於康熙乙酉七月二十二日。

廷煥次子，弘義，字忠智，生於康熙丁亥。

廷均長子，弘溫，生於康熙戊子三月初四日。

廷均次子，弘良，生於康熙乙未十一月二十一日。

廷均三子，弘恭，生於康熙戊戌十二月初四日。

廷珩長子，弘林，字聖如，生於康熙戊寅五月初二日，娶顧氏，生一子廣隆。

廷珩次子，弘幹，字聖周，生於康熙辛巳十二月二十三日，娶王氏。

廷孝子，弘宜，字起霖，生於康熙乙未十二月十八日，娶管氏，生二子：廣麒、廣麟。

廷卿子，弘淵，字定遠，生於康熙壬午十月十九日，娶氏，生一子廣德。

廷瑾子，弘自，生於康熙丙子十二月十二日，娶楊氏。

廷芝子，弘祈，字林元，生於康熙〔註145〕七月十四日，娶張氏，生二子：廣昌、廣得。

廷蕊長子，弘相，字介臣，生於康熙辛亥九月十三日，娶徐氏，生三子：廣榮、廣章、廣貴。

廷蕊次子，弘宰，字介眉，生於康熙乙卯正月初九日，娶王氏，生一子廣心。

廷蕊三子，弘臣，字介鴻，生於康熙丁巳十二月初三日，娶唐氏，生二子：廣祥、廣雲。

廷菓長子，弘寶，字上珍，生於康熙戊申三月十七日，娶李氏，生二子：

〔註144〕按：「弘」後空白，不詳名字。

〔註145〕按：年號二字脫。

廣仁、廣厚。

廷菓次子，弘元，字朝珍，生於康熙丙辰五月十五日，娶張氏，生一子廣臻。

廷柏子，弘禎，字祥甫，生於順治辛卯五月初二日，娶蔣氏，生六子：廣瑞、廣得、廣茂、廣吉、廣喜、廣欣。

廷梅子，弘義，生於康熙戊午十一月初九日，娶許氏，生一子廣壽。

廷槐子，弘祺，字佩元，生於康熙乙卯十月初十日，娶陸氏，生二子：培玉、培照。

廷瑜子，弘霞，字勝海，生於康熙甲寅十月十六日，娶蕭氏，生一子義觀，繼姓楊，衙前朱宅住。

廷選子，弘新，字叔祥，生於康熙壬申十一月初七日。

廷樟子，弘仲，字孝友，生於康熙庚戌十二月二十七日，卒於壬辰七月，娶馮氏，生三子：廣士、廣文、廣紳。

廷蔚長子，弘洙，字聖明，生於康熙丙寅九月十一日，娶范氏，生一子培毅。

廷蔚次子，弘泰，字臨萬，生於康熙癸酉八月初二日，娶夏氏、顧氏，生一子培崗。

廷檜子，弘素，字聖予，生於康熙辛未五月初八日，娶沈氏。

廷柳長子，弘琇，字朗山，生於康熙壬寅二月十六日，娶紀氏，生二子：廣慧、廣德。

廷柳次子，弘珍，字南蕃，生於康熙戊寅十二月二十日，娶陳氏、黃氏。

廷柳三子，弘珮，字瑀瑲，生於康熙，娶吳氏，生一子廣平。

廷祥子，弘遐，字雲彩，生於康熙丙子正月二十一日。

廷定子，弘馨，字成芳，生於康熙。

廷佳子，弘勳，生於康熙壬寅十一月日。

第十四世

弘耀長子，廣翔，生於康熙甲申七月二十二日。

弘耀次子，廣麟，生於康熙丁亥十月初三日。

弘煥子，培山，字壽亭，生於康熙癸卯二月二十九日。

弘德長子，廣舒，字在梅。

弘德次子，廣周，字希聖。

弘昭長子，廣發，字迴庵，生於康熙乙卯七月二十九日。

弘昭次子,廣源,字品三,生於康熙壬寅十二月十五日。

弘賢子,廣陵,字鶴年,生於康熙甲午七月初三日,娶計氏。

弘祈長子,廣昌,字振公,生於康熙庚辰九月初二日,娶張氏,生二子:光旭、光盈。

弘祈次子,廣得,字振宇,生於康熙癸巳八月二十日,娶張氏。

弘林子,廣隆,字載元,生於雍正甲辰六月三十日。

弘宜長子,廣琪,字永茂,生於康熙乙酉三月初七日,娶夏氏。

弘宜次子,廣琳,字永昌,生於康熙己丑十一月十七日。

弘相長子,廣榮,字愛公,生於康熙甲戌十一月日,娶豐氏,生一子光在。

弘相次子,廣章,字聖伯,生於康熙辛巳十二月二十四日,娶高氏,生一子光顯。

弘相三子,廣貴,字禹伯,生於康熙癸未八月二十二日,娶沈氏。

弘淵子,廣德,字靜安,生於雍正甲辰四月二十日。

弘宰子,廣心,字伊人,生於康熙壬午三月初三日,娶何氏,生二子:光祿、光位。

弘禛長子,培玉,生於康熙。

弘禛次子,培昭。

弘臣次子,廣雲,字從龍,生於康熙,娶何氏。

弘寶長子,廣仁,生於康熙壬申十二月十八日。

弘寶次子,廣厚。

弘元子,廣臻,字忠華,生於康熙丁丑七月初九日,娶周氏,生一子光煥。

弘禎長子,廣瑞,字寧周,生於康熙癸巳十月二十八日,娶俞氏,生三子:光效、光祖、光前。

弘禎次子,廣德,字瑞生,生於康熙丁巳正月初八日,娶陳氏。

弘禎三子,廣茂,字建章,生於康熙己未五月初三日,娶葉氏。

弘禎四子,廣吉,字洪生,生於康熙丙寅十二月二十八日,娶馬氏,生二子:光榮、光華。

弘禎五子,廣喜,字瑞林,生於康熙己巳三月二十四日,娶王氏,生子光。

弘禎六子,廣欣,生於康熙辛未三月十六日,娶氏生子光。

弘義子,廣壽,字仁齋,生於康熙。

弘仲長子,廣士,字朝增,生於康熙己卯又七月二十一日,娶馮氏。

弘仲次子，廣文，字雲明，生於康熙甲申二月二十六日，娶趙氏。

弘仲三子，廣業，字啟昌，生於康熙。

弘洙長子，培毅，字遠亭，生於雍正癸卯八月二十日。

弘秦之子，培崗，字在山，生於康熙甲午八月二十日。

弘琇長子，廣慧，字達人，生於康熙戊子八月初七日，娶陳氏。

弘琇次子，廣徽〔註146〕，字裕剛，生於雍正甲辰七月十二日。

弘珮之子，廣平，字紹安。

第十五世

廣昌長子，光旭，字暘初，生於康熙庚子正月初八日。

廣昌次子，光盈，字中立，生於雍正癸卯十一月十一日。

廣榮之子，光在，字德明，生於康熙戊戌。

廣章之子，光顯，字令園，生於雍正癸卯。

廣心長子，光祿，字近賢，生於康熙丁酉九月初一日，娶金氏。

廣心次子，光位，字聚豐，生於雍正甲辰閏四月初八日。

廣臻之子，光煥，字信章，生於康熙丙子十月十三日。

廣瑞長子，光效，字斌臣，生於康熙。

廣瑞次子，光祖，字念劬，生於康熙。

廣瑞三子，光前，字克修，生於康熙。

廣吉長子，光榮，生於康熙。

廣吉次子，光華。

《姚氏世譜》第九卷（錢塘支）

次房東洲公後，另分錢塘一支世系

第七世起，三世以前見卷首，六世以前見第八卷

第一世

南山公，秀一，合族世祖。

第二世

樸軒公，思敬，南山公子單傳。

第三世

東洲公，宗正，樸軒公次子，為次房之祖。

〔註146〕按：前文次子作「廣德」。

第四世

　　敬庵公，謙，東洲公子。

第五世

　　梅窗公，鑒，敬庵公第四子。

第六世

　　守潔公，坤，梅窗公次子，公生四子，次為槐軒公機。

第七世

　　坤之次子，機，字惟勤，號槐軒，生卒年月無考，壽官，贅於杭州府之方山，子孫世居焉，娶倪氏，係錢塘方山人，生二子：簡、竹。

第八世

　　機之長子，簡，字雨湖，生卒年月無考，掾史，授江南鳳陽府壽州正陽巡檢司巡檢，娶孫氏，生一子體健。

　　機之次子，竹，字瑞林，生卒年月無考，錢塘縣庠生，娶王氏，生二子：體徵、體復。

第九世

　　簡之子，體健，字思湖，生於嘉靖乙卯，卒於天啟癸亥八月，錢塘縣庠生，敕封徵仕郎，北京行人司行人，娶許氏，敕封孺人，生二子：士密、士同。

　　竹之長子，體徵，字隱槐，生卒年月無考，娶陳氏，生一子士吉。

　　竹之次子，體復，字二如，生卒年月無考，娶平氏，生二子：士銓、士觀。

第十世

　　體健長子，士密，字伯李，號近思，生於萬曆庚辰，錢塘縣庠生，娶唐氏，生一子世珍。

　　體健次子，士同，字仲文，號丹淵，生於萬曆辛巳七月廿六日，卒於萬曆甲寅六月廿五日，杭州府庠生，萬曆己酉科浙江舉人，庚戌科進士，授北京行人司行人，娶石氏，敕封孺人，無子，以士銓之子世球嗣。

　　體敬之子，士同，字嘗卿，生卒年月無考，娶李氏，生一子世泰。

　　體復長子，士銓，字衡甫，生卒年月無考，娶程氏，生一子世球，嗣士同。

　　體復次子，士觀，字若時，生卒年月無考，杭州府庠生，娶陳氏，生二子：世琬、世琰。

第十一世

　　士密之子，世珍，生卒年月無考。

士吉之子，世泰，生卒年月無考。

士銓之子，世球，生卒年月無考，娶氏生子，嗣士同。

士觀長子，世琬，生卒年月無考。

士觀次子，世琰，字國章，生於順治戊子五月十四日，卒於康熙五月廿五日，娶翁氏，無子，行六，住杭州三元坊。

參考文獻〔註1〕

1. 沈德潛《清詩別裁集》，上海：上海古籍出版社，1984。
2. 姚培謙《松桂讀書堂集》，《四庫全書存目叢書》本。
3. 姚培謙《周甲錄》，北京：北京圖書館出版社，1999 年影印本。
4. 顧鎮編《黃侍郎公年譜》，陳祖武選《乾嘉名儒年譜》第 1 冊，北京：北京圖書館出版社，2006。
5. 姚培謙《李義山詩集箋注》，清乾隆五年姚氏松桂讀書堂刻本。
6. 姚培謙《春秋左傳杜注》，清乾隆十一年陸氏小鬱林刻本。
7. 姚弘緒《松風餘韻》，清乾隆九年寶善堂刻本。
8. 姚培和《敦信堂詩集》，清乾隆二十七年刻本。
9. 姚培謙編《元詩自攜集》，清康熙六十一年刻本。
10. 姚培謙編《元詩自攜集》，清雍正刻本。
11. 潘務正、李言校點《沈德潛詩文集》，北京：人民文學出版社，2011。
12. 沈德潛《歸愚文抄》，《沈德潛詩文集》第 3 冊，北京：人民文學出版社，2011。
13. 杭世駿《道古堂文集》，《續修四庫全書》本。
14. 沈德潛《歸愚詩抄》，《沈德潛詩文集》第 1 冊，北京：人民文學出版社，2011。
15. 徐世昌《清儒學案小傳》，臺北：明文書局，1985。
16. 黃達《一樓集》，北京：北京出版社，1997 年影印本。

〔註1〕 案：依書中出現的先後為序。

17. 朱鑄禹《全祖望集匯校集注》，上海：上海古籍出版社，2000。

18. 陳金林等編《清代碑傳全集》，上海：上海古籍出版社，1987。

19. 徐世昌編《晚晴簃詩匯》，北京：中華書局，1990。

20. 釋元璟《完玉堂詩集》，《清代詩文集彙編》本，第 195 冊，影清初刻本。

21. 王鍾翰點校《清史列傳》，北京：中華書局，1990。

22. 宋如林修；孫星衍、莫晉等纂《松江府志》，清嘉慶二十二年刻本。

23. 龍榆生《近三百年名家詞選》，上海：上海古籍出版社，1979。

24. 王豫輯《江蘇詩徵》，清道光元年焦山海西庵詩徵閣刻本。

25. 永瑢等《欽定四庫全書總目》，北京：中華書局，1997。

26. 姚培謙編《唐宋八家詩》，清雍正五年遂安堂刻本。

27. 顧貞觀《顧梁汾先生詩詞集》，臺北：廣文書局，1970。

28. 杜詔《雲川閣集》，《清代詩文集彙編》本，第 218 冊，影清雍正九年刻本。

29. 曹庭棟《產鶴亭詩》，《四庫全書存目叢書》本。

30. 朱汝珍《詞林輯略》，臺北：明文書局，1985。

31. 柯愈春《清人詩文集總目提要》，北京：北京古籍出版社，2001。

32. 王鼎《蘭綺堂詩抄》，《清代詩文集彙編》本第 490 冊，影清嘉慶八年古訓堂刻本。

33. 王昶《春融堂集》，《續修四庫全書》集部，第 1438 冊。

34. 沈大成《學福齋詩集》，《清代詩文集彙編》本第 292 冊，影清乾隆三十九年刻本。

35. 沈大成《學福齋集》，《續修四庫全書》集部，第 1428 冊。

36. 沈德潛《沈歸愚自訂年譜》，《沈德潛詩文集》第 4 冊，北京：人民文學出版社，2011。

37. 劉季高校點《方苞集》，上海：上海古籍出版社，1983。

38. 王嘉曾《聞音室遺文》，《續修四庫全書》集部，第 1447 冊。

39. 張維屏《國朝詩人徵略初編》，臺北：明文書局，1985。

40. 黃之雋《唐堂集》，《清代詩文集彙編》本，第 221 冊，影清乾隆十三年刻本。

41. 沈德潛《歸愚詩抄餘集》，《沈德潛詩文集》第 2 冊，北京：人民文學出版社，2011。

42. 姚培謙《類腋》,清乾隆七年刻本。

43. 姚培謙《類腋》,清乾隆二十八年刻本。

44. 姚培謙、張景星《明史攬要》,清乾隆二十四年刻本。

45. 姚弘圖《姚氏世譜》,清雍正三年平湖姚氏本。

46. 楊開第、姚光發《華亭縣志》,清光緒五年刻本。

47. 姚培謙《甲餘錄》,清乾隆二十七年刻本。

48. 柴紹炳纂、姚培謙評定《省軒考古類編》,清雍正四年刻本。

49. 姚培謙《李義山七律會意》,清雍正五年刻本。

50. 黃叔琳《文心雕龍輯注》,清乾隆六年養素堂刻本。

51. 姚培謙《楚辭節注》,清乾隆刻本。

52. 姚培謙《春秋左傳杜注補輯》,清乾隆十一年陸氏小鬱林刻本。

53. 愛新覺羅·弘曆《御製樂善堂集》,清乾隆刻本。

54. 姚培謙、張景星《硯北偶抄》,清乾隆二十七年草草巢刻本。

55. 顧詒祿《吹萬閣集》,《清代詩文集彙編》本,第289冊。

56. 姚培謙、王鼎《陶謝詩集》,清乾隆刻本。

57. 姚培謙《古文斫》,清乾隆三十九年重訂本。

58. 謝庭薰、陸錫熊《婁縣志》,清乾隆五十三年刻本。

59. 清張謙、張廷柱、張世瑛《雲間張氏族譜》,清同治十三年抄本。

60. 張之洞著、范希曾補正《書目答問補正》,揚州:廣陵書社,2007。

61. 劉克莊《後村詩話》,北京:中華書局,1983。

62. 楊倫《杜詩鏡銓》,上海:上海古籍出版社,1981。

63. 葉燮《原詩》,北京:人民文學出版社,1979。

64. 吳喬《圍爐詩話》,上海:上海古籍出版社,1983。

65. 蘇軾《蘇軾文集》,北京:中華書局,1986。

66. 鄭玄注、孔穎達正義《禮記正義》,北京:中華書局,1980。

67. 朱庭珍《筱園詩話》,上海:上海古籍出版社,1983。

68. 愛新覺羅·玄燁《御選唐詩》,《四庫全書》本。

69. 托津等《欽定大清會典事例》,北京:中國藏學出版社,2006。

70. 許耀《絳雪軒會藝》,清咸豐二年刻本。

71. 鄔國平、王鎮遠《清代文學批評史》,上海:上海古籍出版社,1996。